MÉMOIRE

DES LONGS DÉBATS

Qui ont précédé et suivi la retraite

DE

M. MOURGUES

Curé doyen d'Allenc

POUR L'INSTRUCTION AUTHENTIQUE

De son recours en appel à l'Église & à l'État en même temps qu'à la Société

Publié le 30 juin 1870.

LE PUY

IMPRIMERIE ET LITHOGRAPHIE MARCHESSSOU

Boulevard Saint-Laurent, 23.

—

1870

RECOURS EN APPEL

POUR MÊME CAUSE.

A L'ÉGLISE

en la personne
du Souverain Pontife
Pie IX.

SANCTISSIME PATER,

Ego Joannes-Privatus-Joseph Mourgues, è locis vulgò Chateauneuf de Randon oriundus in Galliâ, necnon ecclesiæ vulgò ALLENC jàm pridem parrochus-decanus, sentiens me progravari à Johanne - Antonio - Marià Foulquier sanctæ Ecclesiæ mimatensis episcopo, contrà ejus sententiam in me latam die quintâ mensis Januarii, anno

A L'ÉTAT

en la personne
de Sa Majesté l'Empereur
Napoléon III.

EQUITABLE EMPEREUR,

Le soussigné Mourgues Jean-Privat-Joseph, ecclésiastique du département de la Lozère, diocèse de Mende, languit depuis douze ans sous les étreintes d'un double abus de pouvoir, par lequel l'administration préfectorale, accédant aux prétentions arbritaires d'une mairie en grève, les fit valoir à l'inexpérience et à la pusillani-

millesimo octingentesimo quinquagesimo octavo, romanam Sedem appellans, postquàm Apostolos expetivi nec obtinui, nihilominùs appello. Ideòque, pro causâ ex meâ parte celeriùs informandâ, quam casûs nostri probationem propter angustias edidi et in publicum emisi, hanc curiæ romanæ remitto ac suppliciter commendo, ut scilicet retractetur citius injuria atque pro damnosâ beneficii privatione ac probrosâ officii suspensione ad æquùm satisfiat honestèque provideatur seniori ecclesiæ presbytero quippè indigno, sed benè tamen merito, necnon reverentissimo.

MOURGUES,
curé doyen retiré.

A Langogne (Lozère)
en France.
15 octobre 1869.

mité de l'administration épiscopale, jusqu'à la déterminer, par le refus du traitement du vicaire, à exiger du curé opposant qu'il s'asservît avec son conseil de fabrique à ses capricieuses et subversives prétentions, sous peine de révocation : dure peine qu'il lui fallut subir, pour n'avoir pas voulu prévariquer.

Ainsi dégradé et, depuis, abandonné sous les apparences d'un coupable aux humiliations de l'avilissement et de la pénurie, sans pouvoir obtenir que son Évêque, à qui il appartenait de lui rendre l'aisance et l'honneur, ait voulu, de peur de s'accuser, lui accorder seulement, pour fiche de consolation et de sauvegarde, quelque équivalent d'honneur et de considération, le patient s'est vu forcé, pour ne pas mourir suspect, de publier la procédure des huis-clos, et d'assurer à sa cause, par l'évidence des faits, la protection de tout le corps social.

C'est dans le même but, qu'avec cette protestation solennelle contre les abus qui l'ont compromis et la violence qui le tient dans l'oppression, l'exposant ose ici, équitable et compatissant Empereur, déférer sa plainte et son appel au souverain pouvoir de Votre Majesté, y joignant pour information la plus complète le mémoire ci-après, et suppliant instamment qu'au nom du Gouvernement impérial, il soit promptement rendu justice et assuré pleine réparation du passé et honorable provision pour l'avenir à son très-humble et fidèle sujet

Le curé MOURGUES, *retiré*
à Langogne (Lozère)

15 octobre 1869.

AU PUBLIC

JUDICIEUX LECTEURS,

Ce fut pour n'avoir pas voulu, en pure matière d'administration temporelle et point du tout au sujet de religion, qu'on veuille en garder bonne note, ce fut, dis-je, pour n'avoir pas voulu céder à une exigeance à mes yeux plus qu'illégale, et pour m'étre défendu d'y conniver par un acte de complaisance qui n'était pas de mon office ; ce fut pour cela que l'autorité episcopale, s'en laissant piquer d'offense comme d'un défi en révolte, me contraignit à coup d'anathèmes de lui donner ma démission.

Au premier abord, quelque étonnant que se trouvât un tel excès de violence, on pouvait croire de ma part aveuglement d'erreur ou entêtement d'amour-propre, et cela suffisait pour justifier l'autorité sur ma disgrâce, sans qu'il fût besoin d'autre supposition. Mais, du moment qu'il a été démontré et solennellement proclamé par la voix de la presse (journal de M. l'abbé Migne, n° du 6 mai 1858 et autres) que le bon droit était tout de mon côté, et que c'était l'autorité qui prévariquait, quelle tentation pour quiconque, par respect pour cette respectable autorité, aura voulu excuser ses rigueurs et sa persistance à me tenir victime de ses errements; quelle tentation, de supposer à la charge de l'innocent qui sait quels autres griefs explicatifs ?

De là le danger permanent d'un préjudice infini pour ma réputation, avec un sujet intarissable de peine et de chagrin pour moi, pour les miens, pour les dignes membres du corps vénérable auquel j'appartiens, et pour tout ce qu'il y a d'honnêtes gens dans la société.

Affligé de cette situation, j'ai eu beau réprésenter et supplier pour amener l'autorité à me mettre à couvert par quelqu'une de ces faveurs qui viennent et reviennent à sa disposition. L'autorité, feignant toujours et se flattant d'avoir eu tout le droit et moi tout le tort, s'est refusée à toutes mes supplications comme à de nouvelles offenses.

C'est alors que me voyant abandonné sans défense au tribunal de l'opinion publique, je me suis cru permis de lui fournir de quoi s'éclairer et pouvoir prononcer sur mon compte en pleine connaissance de cause. A cela tend le présent mémoire, que je ne me suis enfin déterminé à produire au grand jour qu'en dernière extrémité ; non sans regretter beaucoup ce qu'il peut avoir d'incommode pour une visible bouderie, qui aurait bien pu m'en épargner l'odieux, aussi bien qu'à elle le désagrément.

Je vous supplie, en vous l'adressant, lecteurs impartiaux, de vouloir croire que ce n'est point l'esprit d'animation qui m'a dominé, mais uniquement le besoin impérieux de protéger l'honneur de mon nom et de défendre d'outrage une réputation, que me rendent bien chère les épreuves de tant d'années d'une conduite dont jusqu'ici je n'ai eu à rougir, pas plus en face de mes adversaires qu'au milieu de mes amis.

Puisse le Seigneur, sans recevoir aucune offense de cette démarche, la faire toute servir au profit de son Eglise !

O vous qui n'avez eu que trop à souffrir et à gémir des conséquences de ma retraite, proches, amis, confrères, paroissiens et voisins ! vous en particulier, hommes de foi et de talent, qui, de si loin, sans me connaître, avez daigné m'honorer de vos consolantes et précieuses sympathies : Migne, Biliard, Perdu, André et autres, étrangers ou des nôtres ; veuillez tous agréer ici les sentiments affectueux et reconnaissants de votre très-humble serviteur.

MOURGUES,

Le curé doyen d'Allenc retiré

à Langogne, Lozère, le 15 *octobre* 1869.

DIOCÈSE DE MENDE. — DÉPARTEMENT DE LA LOZÈRE.

MÉMOIRE

PREMIÈRE PARTIE

Cause de la retraite de M. Mourgues, curé doyen d'Allenc.

L'an mil huit cent cinquante-six, après qu'avait disparu l'infortuné Chappelle, guide éclairé et solide appui des fabriques; sous l'aimable épiscopat de Mgr. Foulquier, ayant pour vicaire général en chef, non plus au bout de quelques jours, le fidèle Cômandré, mais en son lieu et place le précieux Henri Vidal de Villefort, devenu naguère de vicaire paroissial secrétaire général, et coup sur coup lancé tout neuf en appointeur sans pareil à la tête de l'administration diocésaine, de laquelle faisaient partie, au moins pour le nombre, l'autre vicaire général Vidal Etienne de Serverette, l'archiprêtre Ruffier, ci-devant curé de Mialanes, le chanoine Boudet ex-supérieur du séminaire et son remplaçant P. Daniel Valentin, allié du nouveau prévenu.

Etant préfet un M. Marquis de Fleury, ni malveillant, ni malintentionné, mais trop faible dans la partie pour ne pas s'en laisser imposer,

La pauvre commune d'Allenc ayant de nouveau pour Maire, comme aux jours du curé Chassang, le sieur François Bros, dit Andrenet, gendre Renouard de la Grave, protégé du président Renouard, son allié germain, et depuis les dernières élections membre dominant de son conseil municipal,

En ces temps-là et sous de tels auspices, le curé doyen d'Allenc, aux plus beaux jours de son ministère, alors qu'il n'avait, en bénissant Dieu, qu'à se féliciter avec tout le monde de l'état florissant de la paroisse, se trouva tout d'un coup en face d'une inqualifiable déloyauté, qui, perdant tout souvenir de la franche bonté de huit années d'attentions bienveillantes et de services affectueux, se mit à tramer dans l'ombre, et, sans autre but possible que de faire de l'omnipotence en vue de dominer à l'ecclésiastique comme au civil, lui suscita les iniques tracasseries dont l'audace et les détours occasionnèrent cette longue plaidoirie et cette pitoyable condamnation, que vont faire apprécier au plus juste les lettres autographes de la correspondance qui s'en est suivie, et qu'a dû, en extrême ressource pour sa justification, livrer au grand jour de la publicité un prêtre indignement compromis et délaissé.

Lettres de l'Evêché, n° 1.

« Mende, 3 mars 1856.

« Monsieur le Curé,

« On se plaint d'une affaire qui aurait été de votre part une grave imprudence. Sur cinq rangs de bancs placés en amphithéâtre du temps de M. Rodier, et confectionnés avec des fonds communaux, vous en auriez fait détruire trois rangs, sans doute avec le consentement de la fabrique, mais au grand déplaisir de la population. On voit avec beaucoup de peine ce changement, d'autant plus que la disposition de ces bancs, outre l'utilité qu'elle offrait à ceux qui les occupaient, était convenable pour la tranquillité et le bon ordre. Aussi la commune pourrait bien vous attaquer. Cependant elle s'était prêtée volontiers à la réparation du presbytère, avec la condition de compensation pour un arrangement plus convenable de la restauration de ces bancs, dont on demande la reconstruction à vos frais. Monseigneur me charge de vous demander ce qu'il en est, et vous engage à ne pas entrer en lutte avec le conseil municipal; car le bien ne résulte pas de ces conflits.

« On a vu aussi avec peine l'abandon que vous avez fait de la congrégation établie à la suite de la dernière mission, et dont on espérait tant de bien. Veuillez au plutôt écrire à Monseigneur, et le bien camper sur la première affaire. Je suis avec une parfaite estime votre tout dévoué serviteur.

« CÔMANDRÉ, *Vicaire général.* »

Quelle pitié! qu'on ait semblé accueillir de telles plaintes comme si elles étaient venues d'un pieux zélateur des offices paroissiaux et des pratiques de dévotion!

RÉPONSE

« Allenc, 9 mars 1856.

« MONSEIGNEUR,

« La commune d'Allenc avait pour maire Tiron Jean-Baptiste, alors que de concert avec lui fut conçue et formulée par la fabrique la délibération dont j'ai l'honneur de mettre sous vos yeux la copie ci-jointe, laquelle suffira, j'espère, pour me défendre d'aucune inculpation d'imprudence, et pour arrêter les prétentions de l'arbitraire qui voudrait usurper le domaine de l'Eglise. Ce fut du gré et sous l'appui de ce magistrat que, passé le premier de l'an 1849, époque du renouvellement des places, toutes nos démarches, pour faire payer celles de la tribune, ayant échoué contre le dessein systématique qui voulait les faire jouir gratuitement, sur six bancs qu'il y avait de onze ou douze places chacun, les deux derniers furent enlevés, ainsi qu'un an après, le troisième suivant, avec les agenouilloirs du quatrième.

« Pourquoi la fabrique n'aurait-elle pas eu ce droit? On veut dire, parce que ces bancs avaient été confectionnés avec des fonds communaux! Mais le contraire est nettement démontré par le journal ci-joint du trésorier, où l'on voit n° 6. 9. et 11. que c'est l'argent de la fabrique qui les a payés. Mais quand même; est-ce qu'en vertu du décret de 1809, ch. 2. § 1. n° 34. art. 11, les suppléments fournis par la commune, ne deviennent pas les revenus de la fabrique, et la dépossèdent de ce qui dans son domaine ne peut se faire ni se défaire que par elle?

« La fabrique, en supprimant des bancs improductifs n'a fait qu'user de son droit, heureuse alors d'en pouvoir user sans heurter l'autorité civile, qui lui en favorisait l'exercice, bien loin d'y opposer. Et cette mesure qu'elle s'est vue forcée d'exécuter, tout en déconcertant l'opiniâtreté de l'égoïsme, n'a pas moins été approuvée, comme pleine d'équité, par tous les gens de bonne foi et applaudie de tous ceux, qui, soit à la tribune soit à la nef, ne pouvaient se voir contraints de payer leurs places, sans envier à ceux qui avaient une place sans rien payer.

« Les raisons qu'a eues la fabrique de prendre cette mesure, sont les mêmes qu'il y aurait encore de la maintenir; 1° le mauvais effet que le défaut de paiement des places de la tribune avait produit sur les locataires des places de la nef, dont un grand nombre différaient de s'acquitter, tant qu'ils pouvaient ; dont plusieurs restaient arriérés de quatre, de cinq ans, et qui après cette expédition s'exécutèrent, et s'exécutent, depuis, à point nommé; 2° le tumulte abominable et dangereux avec lequel un nombre plus que double de celui que les places de la tribune pouvaient contenir, y accourant en foule avec un égal droit, se les disputait, se les arrachait au plus fort, s'y cramponnant les uns sur les autres ; ce qui a osé se dire convenable à la tranquillité, au bon ordre ; 3° la désertion, durant tout l'été, des processions dominicales, pendant lesquelles on restait ou l'on courait à cette tribune pour saisir ou garder une place ; 4° l'espoir fondé que le nombre des places étant ainsi réduit, celles des trois bancs restant debout ne tarderaient pas à se louer, et qu'alors en en remontant d'autres à mesure qu'on en voudrait, on arriverait à utiliser en bon ordre la plus grande partie de cette tribune. Si cet espoir, qui s'est réalisé pour le premier banc et un peu plus, et qui avec de la persévérance n'en resterait pas là, a tant de peine à se combler, c'est, sans aucun doute, à cause de cet autre espoir dont on s'est laissé flatter d'en revenir à la jouissance gratuite du premier occupant et du plus déterminé.

« Qu'elles soient donc anéanties toutes ces prétentions arbitraires, et qu'on nous laisse en paix à la poursuite du bien.

« Quant à la plainte relative aux congrégations,

qui s'est osée mêler ici de bonne ou de mauvaise dévotion, ce doit être une ruse de s'insinuer, mais qui ne peut être sérieuse. Tout en déplorant les abus qui se faisaient scandaleusement remarquer du côté des congrégations mal écloses d'Allenc, ce n'est pas sans peine que j'en ai suspendu l'appel, ni sans avoir exposé les motifs à mes supérieurs de qui j'ai en réponse l'avis ainsi conçu, du 30 décembre 1857 : « Quant aux congréga- « tions, c'est à vous de voir s'il vaut mieux les « supprimer que les continuer. Je ne vous oblige « donc à rien là-dessus. Si vous jugez utile au « bien de supprimer ces congrégations, n'annon- « cez cela que comme une suspension de circons- « tance, faisant entendre qu'avant tout vous dési- « rez bien établir le service général de la paroisse. » — Lettre de M. Cômandré, vicaire général.

« Là-dessus, Monseigneur, j'ai donc interrompu les congrégations compromises, mais il n'y a pas eu dommage. Par la grâce de Dieu, j'ai eu le bonheur d'obtenir une telle compensation, que la paroisse a merveilleusement profité en instruction religieuse, en régularité, en sincère piété, spécialement en moralité. Pour s'en rendre compte, il n'y a qu'à songer à la foule des désordres publics qui, à mon arrivée à Allenc, désolaient cette belle paroisse, au milieu même des congrégations, et voir comme aujourd'hui elle se trouve purgée de ces affreux scandales qui ont été extirpés jusqu'au dernier, grâce à Dieu.

« Quand je me permettais, Monseigneur, il n'y a que quelques jours, de vous exprimer et de vous faire partager ma satisfaction sur l'état moral de ma paroisse, j'étais loin de soupçonner qu'il se tramât dans l'ombre une contradiction qui dût venir m'accabler à l'époque de presse où nous sommes, et vous causer, à mon sujet, tant d'inquiétudes et de peines. Béni soit Dieu de qui l'adorable sagesse et l'infinie bonté saura du mal faire sortir le bien. Plus tôt pourra se produire le jugement de Votre Grandeur, plus tôt cessera l'état d'anxiété qui a saisi nos paroissiens, et qui leur devient pernicieux.

« J'ai l'honneur d'être, avec un profond respect, Monseigneur, de Votre Grandeur le très-humble serviteur.

« MOURGUES, *doyen.* »

Le résultat, à ma satisfaction, fut celui-ci :

N° *2.*

« Mende, 20 mars 1856.

« MONSIEUR LE CURÉ,

« Monseigneur a écrit à la préfecture, au sujet des bancs de la tribune d'Allenc. Il a écrit aussi à M. le Maire pour lui faire entendre que ce que vous avez fait, de concert avec la fabrique, étant régulier, le mieux est qu'il profite de son influence pour engager les gens à payer les places, car on n'est pas en droit de les occuper gratis. Il ajoute que la fabrique est disposée à rétablir les bancs, à mesure qu'elle verra qu'on veut les occuper légalement. Tâchez, par de bonnes manières, de parvenir à ce qui est juste et raisonnable.

« Je vous renvoie le registre du trésorier et l'extrait de la délibération du conseil de fabrique, quoique celle-ci ne paraisse pas vous être nécessaire.

« Je suis, avec une parfaite estime, votre tout dévoué serviteur.

« CÔMANDRÉ, *vicaire général.* »

Dépitée d'avoir été confondue, l'imposture menaça d'en faire repentir le curé qui crut prudent d'en prévenir l'évêché.

« Allenc, 31 mars 1856.

« MONSEIGNEUR,

« La réponse de Votre Grandeur aux réclamations relatives à notre tribune, en affligeant peut-être un peu le particulier, a été pour le général, ainsi que j'en étais assuré d'avance, pleine de consolation et de joie. Pour moi, il n'y a qu'à gémir du coup d'essai et à me tenir prêt pour un autre. Déjà l'éloquence du dépit a exprimé ici et à Mende que j'en serais fâché. Terrible menace de la part qu'elle s'annonce ; laquelle néanmoins me fait moins peur, tandis que l'évêché ne s'est pas laissé entraîner, comme on se l'était promis.

« J'ai l'honneur d'être, avec un profond respect, Monseigneur, votre humble serviteur.

« MOURGUES, *doyen.* »

Déjà Mgr l'Évêque avait été saisi d'une certaine alarme qu'il m'annonça ainsi :

N° 3.

« Mende, 4 avril 1856.

« MON CHER MONSIEUR LE CURÉ,

« M. le Préfet sort de l'évêché où il était venu uniquement pour me dire confidentiellement que vous auriez communiqué un peu imprudemment à la paroisse, en pleine chaire, tout ou partie de ma lettre toute récente (n° 2), de manière à froisser l'autorité municipale qui s'en est plainte amèrement. Je ne pense pas que la lettre ait été lue en chaire. Selon toute apparence, vous vous serez borné à traiter, à cette occasion, la question des bancs supprimés, et j'avoue qu'il y avait une manière inoffensive d'en dire un mot; mais la chose était délicate, parce qu'il fallait éviter tout ce qui aurait senti la bravade ou un blâme jeté sur l'autorité municipale, toutes choses qui ne pouvaient produire qu'un mauvais effet. Aurez-vous évité ces écueils? J'aime à croire que vous vous serez renfermé dans les limites de la prudence, ce qui est toujours nécessaire, et qui le devenait davantage maintenant que le conflit est engagé.

« Veuillez me dire en substance ce que vous auriez dit à la paroisse, et l'exposer de sorte que personne ne puisse vous démentir. On prétend que vous auriez dit, entre autres choses, que vous êtes bien tranquille à ce sujet, maintenant que l'évêque avait donné ses ordres à l'administration, ce qui, assurément, n'est jamais entré dans votre pensée, ni sorti de votre bouche. Encore ici, vous voudrez bien rétablir les faits évidemment dénaturés, et me dire ce qui aurait pu donner lieu à cette étrange accusation.

« L'autorité locale a été amenée par cette contrariété à vous signaler comme omettant le dimanche le chant, prescrit par l'autorité diocésaine, du *Domine, salvum fac.* Comme il n'y a aucune raison de l'omettre, et qu'il y en a plusieurs et des plus pressantes, ne fût-ce que celles de la reconnaissance pour se conformer en cela à l'usage universel, vous ne vous permettrez plus à l'avenir d'y déroger.

« Il me tardera de recevoir votre réponse pour la communiquer à M. le Préfet, qui dans cette circonstance s'est conduit avec tous les ménagements possibles, et s'est borné à m'en parler confidemment.

« Je vous renouvelle, mon cher Monsieur le Curé, mes sentiments affectueux.

« † J.-A. M., *évêque de Mende.* »

On venait de voir les imposteurs convaincus partout de mensonge dans leurs premières plaintes, et l'on semblait néanmoins s'alarmer des secondes, comme s'ils ne savaient que dire la vérité. Je me hâtai de rassurer par ma franchise.

« Allenc, 6 avril 1856.

« MONSEIGNEUR,

« Dimanche dernier 30 mars, après avoir fait part à mon conseil de fabrique, réuni entre les deux messes en session ordinaire, non pas de toute la lettre que vous avez daigné me faire adresser sous date du 20 mars, du sens de la partie relative aux bancs supprimés de la tribune, je me suis laissé amener à en communiquer aussi quelque chose à la paroisse, que divers bruits de défaite, de départ du curé affectaient de retenir dans un pénible et funeste souci. C'est pourquoi, du haut de la chaire, après la mémoire des morts et les annonces de la semaine, je dis :

« Il tarde sans doute à la paroisse de savoir quelque « chose au sujet de la tribune. Si je vous en dis un « mot, ce n'est pas pour ma satisfaction personnelle, « mais seulement parce que cette affaire a trop agité « les esprits, et qu'il peut être bon de les tran- « quilliser un peu. Eh bien, d'après la lettre que « je tiens en main, Monseigneur a écrit aux au- « torités civiles, pour leur faire entendre qu'en « supprimant des places à la tribune, la fabrique « et moi nous avons agi régulièrement ; que la « fabrique est disposée à en remonter, à mesure « qu'on en voudra prendre en les payant ; qu'on « n'est pas en droit de les occuper gratis. C'est « bien ainsi que vous le pensez tous. Ceux-là « même qui ont porté plainte à cet égard ont « bien sur la conscience qu'il n'est pas juste que « certains jouissent gratuitement d'une place à l'é- « glise, tandis que les autres devront payer cha- « cun la sienne : c'est justice. Il n'y avait pas « à craindre qu'elle ne fût reconnue. Je ne le dis « pas pour triompher : non, ce n'est pas un triom- « phe pour moi. Je n'ai qu'à en gémir, comme « d'un sujet de peine, qu'on m'a suscité sans « m'en avoir jamais parlé, auquel je ne m'attendais « pas, et que je ne croyais pas avoir mérité. J'ai « toujours voulu le bien et agi pour le bien. Avec

« cela étant à mon devoir, je m'appelle Jean-sans-« peur. Otons de là nos esprits, pour les occuper « tout au salutaire mandement que nous a adressé « Monseigneur l'Evêque. »

« Voilà, Monseigneur, non pas seulement en substance, mais mot pour mot, ce que je me suis permis de dire selon la lettre que je tenais en main. Il ne peut y avoir à fonder des plaintes tellement graves. Il peut y avoir de reste le dernier mot : Je m'appelle Jean-sans-peur, lequel encore aurait son bon sens, si on avait voulu l'y trouver. Mais parce qu'on n'y a cherché que le pire, on a poussé la malice de l'interprétation jusqu'à se hasarder, même par écrit, de me faire avoir proféré cette sottise : Je suis bien tranquille à ce sujet, maintenant que l'Evêque a donné ses ordres à l'administration. C'est vouloir me faire par trop ignare et trop étourdi que de me prêter une telle pensée ; me la mettre à la bouche, c'est vouloir par une imposture qui révolte, laisser la médisance pour la calomnie. Non, rien de pareil n'a été exprimé par mes lèvres. J'en atteste tout un peuple qui m'a entendu et bien écouté. Qu'importe pour l'astuce ? Si M. le Préfet pouvait le croire dit ainsi par moi, et ainsi écrit par Mgr l'Evêque, le mensonge aurait au moins réussi à désunir l'autorité, sinon à la brouiller.

« Que vous dirai-je, Monseigneur ? D'où peut venir cette fureur de délation ? Je n'y vois que l'effort d'un dépit courroucé, qui, n'ayant pas réussi à me faire arriver de l'évêché tout l'affront dont j'étais menacé, veut essayer de l'arracher devers la préfecture. L'usage est ici de dire de certains personnages que quand ils ne peuvent pas tuer, ils empoisonnent. Je n'en reposerai pas moins sur la justice de ma cause et la droiture de mes procédés; ayant lieu d'espérer de la foi de M. le Préfet, que, avant de se fier à de pareilles plaintes, il voudra bien s'assurer de la probité qui les a formulées et de la moralité qui les appuie.

« En me dénonçant pour l'omission du *Domine, salvum fac*, on n'a pas voulu agir par un motif de devoir, autrement on mériterait punition pour l'avoir tant négligé; car il y a eu des temps où j'ai été inexact. L'omission de cette formule pour laquelle la vengeance en dépit a eu en vue de compromettre mon traitement, j'en ai été quelquefois coupable, je l'avoue, mais rien que matériellement, le défaut de chantres, la préoccupation en ont été la cause. La mauvaise volonté n'y a été absolument pour rien. Je vous le proteste, Monseigneur, en suppliant que M. le Préfet en veuille bien demeurer persuadé. Je tâcherai de moins m'oublier à l'avenir, vivement désireux que je me sens d'attirer par les prières de l'Eglise les bénédictions du Ciel sur notre admirable et religieux Empereur, qui la protége, l'honore et l'encourage par ses bienfaits et par ses exemples.

« J'ai l'honneur d'être, avec un profond respect, Monseigneur, de Votre Grandeur le très-humble serviteur.

« MOURGUES, *doyen*. »

Après cette réponse et la précédente réduisant à néant les plaintes et dénonciations, il n'aurait dû être laissé aux méchants d'autre liberté que de se couvrir de honte. D'autant plus que par une de ces contradictions ordinaires à l'iniquité, en même temps qu'ils m'avaient dénoncé comme omettant le verset prescrit pour l'Empereur, ils se plaignaient de ce que le jour de la messe commandée à l'occasion du baptême du Prince Impérial, faisant l'éloge de cet acte religieux de l'Empereur et opposant son honorable exemple au respect humain des petits qui craignent de pratiquer sans les grands, et des grands qui rougissent de pratiquer avec les petits, ils se plaignaient que je n'avais voulu que faire des personnalités.

Cependant les autorités, qui, avec les pièces d'accusation et de justification sous les yeux, ne pouvaient pas se méprendre sur la bonne et la mauvaise foi, au lieu de couper court à l'imposture et de lui ôter l'envie de reparaître, en signifiant nettement, par ordonnance et arrêt, droit à qui avait droit et tort à qui avait tort, ne surent que biaiser et se laisser rôder. Ce qui prouvant aux agresseurs qu'on les ménageait redoubla leur audace, jusqu'à se chercher dans leurs propres manquements des motifs de recommandation. On va voir.

Des réparations d'une vingtaine de journées au plus avaient été exécutées au toitage et fermetures du presbytère sous l'exclusive intendance de M. le maire Bros, qui, les ayant laissé traîner en longueur plus de six mois, avec permission aux ouvriers d'emporter chaque fois à l'usage de leur foyer les copeaux et vieilles boiseries, au préjudice des locataires et au grand déplaisir du public, avait abandonné le tout de prix fait à la discrétion de la fraude, sans avoir daigné s'interposer aux contraventions et défauts qui lui avaient été plusieurs fois signalés. Mais à la séance de Quasimodo, 30 avril 1856, le conseil de fabrique, croyant de son devoir de ne pas conniver à de tels abus, réclama, par délibération adressée à M. le Préfet, que l'architecte départemental, qui du temps du précédent maire, Thiron Jean-Baptiste, était venu sur les lieux projeter le plan de ces réparations, y fût envoyé de nouveau conformément à la loi, pour vérifier l'ouvrage inculpé et aviser sur ce qui restait à faire, soit au presbytère, soit à l'église.

Or voici qu'au su de cette délibération M. notre maire Bros, qui ne voulait de l'architecte pas plus pour lui que pour ses ouvriers, ayant vite mis à profit la complaisance d'un agent voyer, et lui ayant fait convenir et relater que l'ouvrage avec les vices et difformités était néanmoins excusable à cause de la modicité du prix, ne craignit pas de lancer de vives plaintes pour sa probité outragée, comme si nous l'accusions d'avoir prodigué les fonds de la commune, et coup sur coup, pour atteindre le Curé et, en retournant contre lui l'action de la fabrique et des autorités, lui faire subir tous ses caprices. Ce terrible M. le maire Bros, par un autre tour de sa force, entreprenant la bonne foi de quatre des signataires de la délibération, à force de doléances, promesses, menaces, excepté le brave André Etienne qui lui résista, entraîna les autres à aller lui signer chez lui une déclaration écrite : que M. le Curé leur ayant présenté délibération concernant les réparations, ils l'avaient signée de confiance sans savoir ce que c'était, eux, que la délibération de cet article, commencée avant vêpres, avait retenus encore après cet office. Une tricherie si palpable, qui méritait plus que le dédain, en imposa assez pour faire dévier de la marche légale. Au lieu de la vérification par l'architecte régulièrement votée par la fabrique, et rigoureusement voulue en pareils cas, on nous soumit à un arbitrage officieux, ainsi annoncé.

N° 4.

« Mende, le 27 avril 1857.

« MONSIEUR LE CURÉ,

« M. Vidal, secrétaire, et M. Laurent, agent voyer, iront à Allenc vendredi prochain, pour prendre des renseignements sur la malheureuse affaire, qui vous divise avec M. le Maire. J'espère que vous ne ferez pas d'obstacles à un arrangement pacifique.

« Je suis avec une parfaite estime votre tout dévoué serviteur.

« CÔMANDRÉ, *vicaire général.* »

C'était ne me rien dire, sinon d'être présent et de me laisser faire. Quel motif de confiance!

Au jour marqué, messieurs les commissaires arrivèrent chez M. le Maire, le laïque, ce même agent voyer qui l'avait déjà favorisé d'une inspection préparatoire, et l'ecclésiastique, récent secrétaire, chez le Curé paisible serviteur de l'un et de de l'autre. Un déjeuner en commun n'ayant pas été jugé sortable, et chacun s'étant arrangé chez son hôte, il y eut bientôt réunion au presbytère, où furent mandés quelques fabriciens et poliment introduit M. le maire Bros.

La première proposition, concertée au gré de l'honorable, fut de rétracter par une nouvelle délibération celle de quasimodo dont M. le maire se trouvait offensé : c'était juste, on ne devait pas se refuser et chacun de dire ainsi soit-il. Le curé seul trouva que la fabrique trahirait son devoir si elle consentait à approuver ainsi lâchement ce qu'elle avait justement improuvé ; et, après avoir modestement représenté les vices et les difformités des ouvrages, il eut le bonheur de voir accepter comme suffisant, qu'il fût déclaré à la suite de la délibération mal interprétée, que l'intention de la fabrique, en réclamant sur les réparations, n'avait pas été d'attaquer la probité de M. le maire, mais seulement d'attirer l'attention des autorités sur les défectuosités de divers points de l'ouvrage. Ce qui fut écrit sur le registre de la main même de M. Vidal secrétaire, soussigné par les fabriciens et remis en double à M. le maire Bros, qui l'appela bientôt l'amende honorable du curé. Valait-il donc la peine de tant d'alertes et d'un tel élancement, pour si ridicule produit?

Mais il y avait dans ce faux incident un autre but qui dominait et dominera en tout ; c'était d'embrouiller les autorités et, en les indisposant contre le curé, parvenir à se faire adjuger le gouvernement de la tribune. M. le maire Bros à la levée de la séance ne manqua pas de circonvenir à cet égard MM. les commissaires. Il les actionna vers la tribune ; il les y monta ; il sollicita leur décision, au moins un avis favorable ; et comme l'on vit son front s'assombrir quand, tout vu et entendu, ces messieurs se bornèrent à lui exprimer que cette affaire était réservée à la compétence de Mgr l'Evêque !

La commission s'arrêtant là, on revint de part et d'autre trinquer ensemble de bonne ou de mauvaise grâce ; et chacun se hâta de regagner ses pénates.

Les choses en restèrent là à l'état du passif, n'y ayant eu sur rien ni rapport, ni ordonnance, ni arrêt ; et le dépit, en pleine liberté de s'accrocher à tout, pour prévaloir contre tous, ne rêva plus que chicane et trahison.

Ainsi peu de jours après, le conseil municipal étant réuni pour la session de mai, on s'y fit de l'incorrection d'une date secondaire et du faux prétexte d'un legs omis un motif suffisant pour que les expéditions du compte et du budget de la fabrique fussent renvoyés, non pas à l'expéditeur qui, d'un mot aurait rendu satisfaction, mais tout droit à M. le Préfet en référé préventif.

Les pièces nous revinrent de l'évêché, avec cette lettre :

N°. 5.

« Mende, 17 mars 1856.

« MONSIEUR LE CURÉ,

« Je m'empresse de vous communiquer une délibération du conseil municipal d'Allenc, signalant diverses irrégularités dans vos comptes. En vous servant de cadres anciens, vous avez négligé de rectifier certaines dates. Il me sera facile d'expliquer les erreurs qui viennent de votre oubli. Je n'ai besoin de renseignements que pour le legs de

Jean Confort, qui aurait été touché par le trésorier en 1855, et dont le compte ne fait pas mention. Ayez la bonté de m'envoyer aussi promptement que possible vos explications, afin que Monseigneur puisse répondre à M. le Préfet. On paraît déterminé à vous faire marcher droit.

« Votre dévoué et respectueux serviteur.

« H. VIDAL, *secrétaire.* »

RÉPONSE.

« Allenc, 24 mars 1856. »

« MONSIEUR LE SECRÉTAIRE,

« J'ai l'honneur de vous faire revenir, avec la note de la délibération municipale, nos copies en vieux cadres imprimés. Vous aviez remarqué sans doute que les principales dates, celle de la tête et du talon, étaient rendues conformes à l'époque de l'exercice ; ce qui déjà pouvait être trouvé suffisant; quelqu'une qui s'était oubliée au revers a été rectifiée : plus de faux de ce côté. Quant au legs Confort dont on n'avait pas à appréhender l'ouverture, tandis qu'on le voyait consigné au budget de l'année prochaine, l'esprit malin a donné dans le panneau, en voulant me faire trouver en faute de ce que ce legs ne figure pas au compte de 1855. Par une délibération de date assez récente concernant la part de ce legs réservée aux pauvres, il a été constaté au conseil municipal que le recouvrement ne s'en est effectué qu'en 1856. Cette délibération doit se trouver à la préfecture ; qu'elle se compare, ainsi que nos copies, avec les originaux déposés à l'évêché, et il se verra combien les vindicatifs, qui veulent nous faire marcher droit, marchent eux-mêmes de travers.

« Je suis avec reconnaissance, Monsieur le Secrétaire, votre très-humble serviteur.

« MOURGUES, *doyen.* »

Ils se trouvaient de nouveau, les malins, surpris en flagrant délit d'imposture, confondus par leurs propres dates. C'était bien de quoi les tancer d'importance et les mettre à la règle une bonne fois pour toutes. Mais comme on ne savait que les craindre et les flatter, et qu'ils en étaient persuadés, chaque nouveau déboire leur causant une nouvelle quinte, ils redoublaient de hardiesse pour donner un autre assaut. Il leur fallait la tribune; bon gré ou mal gré, disaient-ils, ils la voulaient. Voyant qu'ils ne l'obtenaient pas de force, ils essayèrent de la faire céder par détresse. C'est pourquoi M. le Préfet ayant voulu qu'une certaine somme allouée pour les besoins constatés par la fabrique, après délais sur délais, y fût enfin employée, la résolution de la mairie fut d'intervertir ce subside en subordonnant la disposition préfectorale au bon plaisir de l'intendance communale.

A cet effet un dimanche d'octobre, après avoir réuni en lieu opportun le conseil municipal et, ensemble, le conseil de fabrique, à l'insu du curé, membre-né, n'importe avec l'autorisation de qui, et en vertu de quel article de règlement, on vint en comité jusqu'à notre résidence, à la suite de M. le maire Bros, sous la haute direction du président Renouard, projeter et deviser sur les édifices et modifications des lieux; et après avoir assez dissimulé la gravité des besoins réels et bien persuadé de droite et de gauche l'urgence d'autres réparations, on s'en retourna reprendre séance en salle de Seigneur, et, par délibération adressée à M. le Préfet, on vota en imposante unanimité que les fonds disponibles fussent employés d'urgence : 1° à rétablir les bancs supprimés de la tribune dont on voulait le libre usage; 2° à élargir le chemin de la vicairie jusqu'au degré de voie carrossable, proportionellement aux sympathies de M. le vicaire; 3° à rétrécir d'autant le petit jardin de la cure, déjà plusieurs fois rétréci au même sujet.

Averti de ce coup d'Etat par quelques signataires, non moins affligés que stupéfaits de ce qu'on leur faisait faire, je me hâtai de proposer des motifs d'opposition à monseigneur l'Evêque qui, avisé d'autre part, me fit communiquer ce qui suit de son obséquieuse intervention :

N° 6.

« Mende, 7 novembre 1856.

« MONSIEUR LE DOYEN,

« La délibération de vos conseils réunis a été soumise à l'avis de Monseigneur. Sa Grandeur a fait des observations très-convenables. J'ignore maintenant quelle détermination a été prise par M. le Préfet. Vous en serez instruit probablement plus tôt que nous.

« Veuillez me croire, monsieur le Doyen, votre très-dévoué et très-humble serviteur.

« H. VIDAL, *vicaire général.* »

Il avait disparu dans la tombe le regrettable Cômandré avec son franc dévouement et sa modeste expérience. La communication de notre neuf grand-vicaire me laissait douter de la vigueur de l'évêché, autant que de la détermination de la préfecture. Une saison se passa, puis une autre, et je n'étais informé de rien ; et tout était là tenu aux arrêts.

Qu'attendaient-ils donc Monseigneur l'Evêque et M. le Préfet ? Ne voyaient-ils pas qu'en marchandant avec les boudeurs ils ne faisaient qu'irriter leurs appétits ? Tout à coup se cabrant de plus belle, résolus de faire capituler tout le monde, ils entreprirent un tour de nouvelle force, pour venir à bout des autorités, sinon en les dominant, du moins en les égarant.

Comme tous les ans, les comptes et budgets de la fabrique réglés à la semaine de quasimodo, avaient été révisés et approuvés en double expédition par monseigneur l'Evêque, sous le seing de son nouveau vicaire général, M. H. Vidal ; et l'une des expéditions approuvées nous ayant été retournée, un extrait exact des colonnes dressées, et rendues exécutoires par la sanction épiscopale, avait été transmis à M. le maire Bros, avec prière de pourvoir au déficit, réduit à deux cent cinquante francs pour le traitement de M. le vicaire, toujours fourni par la commune, à cause de l'insuffisance de la fabrique qui n'avait pour ses besoins, avec le menu casuel des obits et de la générosité des fidèles, d'autre revenu que le produit d'environ cent cinquante places de l'église, au prix fixe d'un franc chaque.

Or ne voici-t-il pas que, à la séance du conseil municipal, réuni vers la fin de juillet pour la session de mai, dès qu'il fut question du budget de la fabrique et de son déficit, l'honorable président, mystificateur émérite, accusant des omissions dans les formules de demande et dans la teneur des expéditions, trouva surtout irrégulier et fort suspect que les comptes du trésorier ne fussent pas accompagnés des pièces justificatives de sa gestion, et, après s'être fort récrié sur la facilité avec laquelle se laissent passer des comptes de cette importance, prononça hautement qu'avant de les admettre il fallait qu'ils fussent liquidés en conseil municipal, et que pour cela on avait absolument besoin des pièces justificatives; proclamant, livre en main, quelque article de l'on n'a su encore quelle loi, d'après lequel c'était le droit comme le devoir du conseil municipal de les exiger. D'où il fut conclu, en délibération à l'adresse de M. le Préfet, que M. le trésorier n'ayant produit à l'appui de ses comptes ces pièces justificatives, il n'y avait pas lieu de voter le secours demandé.

C'était un tour de machine infernale, mitraillant de tous côtés pour jeter l'alarme partout à la fois. Averti d'une manœuvre qui l'atteignait directement Monseigneur me fit donner ce petit signe de son réveil.

N° 7.

« Mende, 12 août 1857.

« Monsieur le Curé,

« En réponse à votre lettre du 10 courant, j'ai l'honneur de vous prier, de la part de Monseigneur, de faire constater administrativement le refus du conseil municipal. Le président du conseil de fabrique pourrait dès lors en donner avis à sa Grandeur, qui prendrait les mesures opportunes en pareille circonstance. La commune a le droit de réclamer sur tel ou tel article, mais non de faire donner les pièces justificatives. L'approbation de l'Evêque justifie amplement. Par l'entremise du Préfet on peut demander une nouvelle vérification, mais, en définitive, on est obligé d'accepter le tout dûment approuvé. En cas d'opposition le fait est rapporté au ministre.

« J'ai l'honneur d'être votre très-humble serviteur.

« Polge, *secrétaire.* »

Cela, tel quel, semblait d'assez bon augure. Sa Grandeur sensible au mépris de son autorité, se sentait de la faire respecter ; et c'était son affaire. J'allais me reposer là-dessus quand les girouettes de l'évêché tournant d'un autre vent, me signifièrent coup sur coup, de plus clair en plus clair, la fusion politique d'une théorie toute contraire.

N° 8.

« Mende, 3 septembre 1857.

« Monsieur le Curé,

« Monseigneur vient de recevoir communication de la délibération du conseil municipal d'Allenc.

Avant de répondre à M. le Préfet, Sa Grandeur désirerait savoir si, au besoin, vous pourriez présenter les pièces justificatives réclamées par la susdite délibération. C'est-à-dire : journal du trésorier, quittances, pièces relatives ou legs mentionnés. *En attendant* au plus tôt une réponse, *agréez*, Monsieur le Curé, l'assurance de mon respectueux dévouement.

« POLGE, *secrétaire* »

Par défaut de principes une opinion de bon sens avait cédé à une opinion d'accommodement, dont le programme d'aventure se développa ainsi :

N° 9.

« Mende, 3 septembre 1857.

« MONSIEUR LE DOYEN,

« M. le Maire d'Allenc a transmis à M. le Préfet la délibération du conseil municipal relative au traitement de M. le vicaire. Le conseil considérant que les expéditions fournies par vous, sont irrégulières, qu'elles ne sont accompagnées d'aucune demande, pas même d'une lettre d'envoi ; que M. le Maire a vainement réclamé les pièces justificatives à l'appui du compte de 1856, est d'avis qu'il n'y a pas lieu de voter le secours demandé.

« Il est étonnant, Monsieur le Curé, qu'après la leçon reçue l'an passé (ci-devant N° 5.) vous n'ayez pas mieux soigné vos expéditions. Une copie doit être en tout conforme à l'original; et cependant vous avez omis sur la vôtre deux colonnes de chiffres. Les convenances demandent aussi qu'une lettre d'envoi accompagne ces copies. Vous aviez dû voir des modèles de ces lettres d'envoi, quand vous étiez abonné aux fournitures de fabrique. Il serait bon même d'adresser à M. le Maire en pareille circonstance, la copie de la délibération du conseil, portant que recours sera fait à la commune pour compléter le traitement du vicaire. Vos rapports avec le conseil municipal sont trop tendus pour vous dispenser de ces formalités.

« Quant aux pièces justificatives de 1856, le conseil municipal peut les exiger. Mais il doit délibérer sur ce point, et transmettre la délibération au trésorier. Le Maire ne peut pas réclamer ces pièces par mesure préventive. Veuillez me dire : 1° si le Maire vous a demandé les pièces de lui-même, ou au nom du conseil municipal ; 2° si on vous a donné connaissance, ou au trésorier, d'une délibération à cet égard ; 3° si votre trésorier est en mesure de fournir ces pièces. On demande le titre établissant le legs pour messes ; le journal du trésorier par recettes et par dépenses. Si des acquisitions ont été faites, il faudrait produire les reçus.

« Veuillez me croire, Monsieur le Doyen, votre très-humble et tout dévoué serviteur.

« H. VIDAL, *vicaire général.* »

Notre neuf grand vicaire, de copie en copie, eût-il mieux soigné les siennes, n'avait pas moins copié des originaux d'aucune valeur actuelle. Sa doctrine était à redresser et son programme à renverser. Donc :

« Allenc, 9 Septembre 1857.

« MONSIEUR LE VICAIRE GÉNÉRAL,

« 1° Ce n'a pas été sans dessein, ni peut-être sans à propos que, dans nos expéditions, n'y ayant que la colonne des chiffres dressés et approuvés par l'Evêque qui aient une valeur exécutoire, copie de celles-là seulement a été adressée au conseil municipal, lequel n'a rien à voir sur les deux autres colonnes, soumises uniquement, d'après même les plans imprimés, à la fabrique et à l'Evêque.

« 2° Pour l'omission de l'étiquette, même d'une lettre de demande, je ne puis pas m'en disculper par l'accusé de réception ; ce Maire-ci ne m'ayant jamais honoré d'un seul, bien qu'il lui fût toujours demandé. Mais, sans qu'il soit besoin d'une affirmation de ma part, l'invraisemblance apparaît dans la délibération même de la municipalité, où les mots « secours demandé », trahissent une demande ou par extrait de délibération, ou par lettre d'envoi; laquelle au besoin pourrait se formuler sans les imprimés-modèles dont vous parlez.

« 3o En fait de pièces justificatives, je n'en ai point reçu, au nom de qui que ce soit, ni demandé, ni communiqué de délibération; pas même officieusement, pas plus que le trésorier officiellement. Quant à l'existence de telles pièces, le trésorier, une fois qu'il les a eu fait valoir en conseil de fabrique, pour la liquidation de son compte, et s'est trouvé garanti par sa quittance de décharge, consignée au registre et bien contrôlée à l'évêché, n'a plus eu ensuite à se mettre en peine de reçus partiels, ni à s'encombrer d'un tas de chiffons inutiles.

« En tout cas, il y a à se défendre d'un coup qui porte à faux. Statué et avéré comme il l'est que M. le Maire, ni le conseil municipal n'ont eu jusqu'ici aucun droit à ces pièces, il serait trop inconséquent et trop absurde qu'on les en investît en cédant à des caprices. Au bout du compte cette singulière condition, de laquelle on affecte de faire dépendre le vote du déficit, ne laisse comprendre qu'une ruse hypocrite ayant pour but de décliner, au moyen d'une apparence d'équité, l'odieux du refus du traitement du vicaire, ne le refusant en réalité que pour se venger des autorités et les tenir dans l'étreinte, afin de se faire céder de force la maîtrise de la tribune, de l'église et de tout. Plutôt que de subir une tyrannie de cette espèce, il faudrait recourir au ministre ; pousser jusqu'au conseil d'Etat.

« Le titre établissant le legs pour messes est en la possession de le M. Maire Bros, qui l'a gardé pour gérer la part de ce legs réservée aux pauvres. Est-ce parce qu'il l'a, qu'il a l'impudence de le réclamer de nous, parce qu'il sait que nous ne l'avons pas !

« Je suis avec respect, Monsieur le Vicaire général, votre très-humble serviteur.

« MOURGUES, *doyen.* »

En vain j'opposais à la tyrannie, les tyrans semblaient tenir l'évêché sous le joug de leur perfide loi, de laquelle M. le grand vicaire me signifie ainsi l'obligation.

N° 10.

« Mende, 18 septembre 1857.

« MONSIEUR LE DOYEN,

« Monseigneur vient d'écrire à M. le Préfet dans le sens que voici : Vous croyez avoir accompagné vos expéditions d'une lettre d'envoi ; mais vous ne pouvez pas fournir la preuve, attendu que depuis qu'il est en place M. le Maire ne vous a jamais donné un seul accusé de réception. Quant à la production des pièces justificatives, elles n'ont jamais été demandées. D'ailleurs ce n'est pas à M. le Maire de les exiger, mais au conseil municipal qui doit en délibérer. Enfin, ce n'est pas le cas d'exiger cette production. La fabrique d'Albenc a peu de ressources en présence de ses besoins. Elle ne demande à la commune que le secours nécessaire pour parfaire le traitement de M. le Vicaire, que la commune n'a jamais refusé. Parmi les pièces réclamées, il en est une que M. le Maire et le Conseil municipal ont eues en leur possession, d'après leur délibération de mai 1856. Les dépenses portent leur justification avec elles-mêmes, puisqu'elles se décomposent en dépenses intérieures : pain, vin, cire, huile, fournis par le bureau ; traitement du sacristain, frais de bureau, cordons d'aube, messes acquittées. Qu'on indique celle de ces dépenses qui a besoin d'être justifiée.

« Nous ne pouvons aller au delà, malgré toutes les considérations que vous exposez dans votre lettre. *Dura lex sed lex*. Si le Conseil municipal insiste, il faudra vous exécuter. Mais il sera facile d'établir le journal du trésorier, et de lui obtenir des quittances.

« Veuillez me croire, Monsieur le Curé, votre très-humble et tout dévoué serviteur.

« G. Vidal, *vicaire général.* »

Les leçons ici ne manquaient pas. Quatre pleines lettres de file sur la même question. Une de franche-recette dirigeant vers la droite, et trois de contrebande retournant vers la gauche. Suivant le nº 7, le conseil municipal n'avait pas le droit de se faire remettre les pièces justificatives. Nº 8. ce droit était supposé. Nº 9. ce droit était admis, moyennant certaines formalités. Nº 10, ce droit était certain, large, absolu : *dura lex, sed lex;* dure loi, mais vraie loi.

Quelle forfanterie de vouloir, en affirmant oui et non, blanc et noir en même point de vue, se poser néanmoins en infaillible, et se faire croire comme parlant en tout *ex cathedrâ !* Mais où se trouvait-elle donc écrite cette vraie loi, jusque-là inconnue, et si contraire aux autres lois écrites connues? On ne la citait pas, on ne l'indiquait pas. On voulait seul en avoir le secret, pour la rédiger, ou plutôt pour la digérer tout à l'aise, au gré et bon plaisir du charlatan, qui la faisait avaler à pleine dose. Il se murmurait, hélas ! que M. H. Vidal, héritier de feu M. le Curé Ranc décédé à l'orphelinat de Choisinets, ayant à se défendre au tribunal contre les héritiers naturels qui l'attaquaient comme fidei-commissaire, était dans le cas de trahir, pour mériter une protection de laquelle pouvait dépendre le gain ou la perte de son procès.

Les leçons écrites ne m'ayant pas converti, et

notre municipalité ne manquant d'insister, je fus mandé par mon jeune régent pour être tenté comme voici :

« Mende 18 octobre 1857.

« MONSIEUR LE DOYEN,

« Votre municipalité insiste et veut user de son droit. Vous devez donc vous résoudre à produire les pièces justificatives. Il est fâcheux que parmi les allégations renfermées dans votre dernière lettre, il s'en soit trouvé qu'on ait pu démentir. Mais c'est une question qu'on ne peut traiter par écrit. Je vous prie de venir à Mende, dès que la chose sera possible, afin de nous concerter de vive voix sur la marche à suivre.

« Veuillez toujours me croire, Monsieur le Curé, votre très-humble et tout dévoué serviteur.

« H. VIDAL, *vicaire général.* »

Je profitai du premier jour libre pour aller rendre raison. Mgr l'Evêque était en voyage du côté du Cantal à l'occasion du sacre du nouvel Evêque de Viviers. Ce fut toujours au généralissime M. H. Vidal que j'eus affaire. Après justice faite des allégations et des démentis, nous eûmes à traiter le sujet de production à la mairie des pièces justificatives des comptes de la fabrique. Dans ma réponse écrite, j'avais donné lieu et bon motif d'agir par supposition, comme si ces pièces, une fois les comptes approuvés par qui de droit, n'avaient pas été conservées. Ici, tête-à-tête avec mon jeune supérieur, j'eus la franchise de lui avouer que nous avions tout ce qu'il fallait, excepté les reçus du petit coût d'une corde de lampe, de deux balais pour l'église, d'un léger rabillage des souches et de deux cordons d'aube, payés à des rouleurs Auvergnats ou Rouergues. Merveilleuse trouvaille! il sembla que ce n'était que pour cette découverte qu'on m'avait fait courir à Mende. Avec cela, la marche à suivre était toute concertée et d'avance déférée à l'exigence des requérants. Il n'y avait qu'à faire signer à quelque brave fournisseur les minimes quittances qui manquaient; les faire parapher par le président des marguilliers; et, toutes les pièces étant remises, les faire arriver à M. le Maire. (Contre le règlement qui prescrit l'armoire à trois clefs pour empêcher de tels écarts.)

Ne voulant point de cette manigance de novations et de refontes qui pouvaient fournir sujet à des tricheries, dont l'expérience m'avait appris à me méfier, je voulus encore moins d'une pitoyable concession qui réduisait l'ecclésiastique sous le joug séculier d'un servilisme écrasant. Plus mon jeune maître affirmait que le conseil municipal, exigeant les pièces justificatives, on ne pouvait les lui refuser, et que c'était son droit bien constaté;

plus j'osais prétendre le contraire et pousser jusqu'au défi en demandant que la question fût soumise à un conseil de haute jurisprudence, et en observant que si on se le sentait ce prétendu droit, on ne s'amuserait point, pour le faire valoir, à un moyen si illégal et si injuste que de refuser pour cela le traitement du vicaire, qui ne faisait rien à la question.

J'avais beau dire. Il fallait en passer par là. C'était décidé en camaraderie de municipalité de préfecture, d'évêché. Alors passant du droit au fait, je me permis de remarquer que ce qui allait se laisser reviser à la municipalité, ce n'était point le compte de la fabrique déjà révisé et quittancé par qui de droit; mais bien la révision et approbation qu'en avait faite l'autorité diocésaine; qu'en conséquence cela ne regardait point la fabrique; encore moins le Curé; mais que c'était uniquement l'affaire de Sa Grandeur, et que c'était donc à elle d'y faire face directement; qué si pour cela nos pièces justificatives lui pouvaient servir, bien loin de les lui refuser, nous offrions de les remettre entre ses dignes mains.

D'un air un peu soucieux, comme quelqu'un qui aurait promis davantage, M. H. Vidal accorda que cela pourrait suffire, et la conclusion fut que les pièces coordonnées en un bon paquet, seraient incessamment expédiées sous bande à l'adresse de Monseigneur. Ainsi convenu et entendu, je m'en allai, bien ou mal satisfait, reprendre ma route vers Allenc.

Le surlendemain, mon paquet de pièces bien organisé et conditionné se tenait prêt à partir au premier passage du facteur rural, quand vint l'arrêter cet autre placet de virevolte.

N° 12.

« Mende, 28 octobre 1857.

« MONSIEUR LE DOYEN,

« Après avoir mieux considéré la situation, je viens vous engager à envoyer directement au Maire vos pièces justificatives, malgré l'inconvénient qu'il y a à paraître vaincu. Si Monseigneur les transmettait lui-même à M. le Préfet, celui-ci pourraît les lui retourner, en disant qu'elles doivent être adressées au Maire par le trésorier, et nous recevrions une leçon méritée. Vous comprenez que mon devoir est de ne pas exposer sa Grandeur à un pareil désagrément. Votre trésorier fera bien de demander un récépissé.

« Veuillez me croire, Monsieur le Doyen, votre très-humble et tout dévoué serviteur.

« H. VIDAL, *vicaire général.* »

Ces détours et retours du jeune grand-vicaire n'annonçaient rien moins qu'un franc auxiliaire. Ayant mieux compris que les boudeurs n'exigeaient la soumission des pièces justificatives que pour assujétir le curé et son gouvernement, il voulait complaire leur vanité jusqu'à le leur mettre sous les pieds lié et garrotté. Une lâcheté si indigne de l'administration, et si compromettante pour ma légitime indépendance et pour celle de mes confrères, me souleva d'horreur, et je crus devoir même à la dignité épiscopale de persister dans mon opposition.

« Allenc, 30 octobre 1857.

« Monsieur le Vicaire général,

« La lettre de rétractation que vous m'avez fait l'honneur de m'écrire en date du 28 courant, m'a donné lieu de réfléchir, et de décliner de plus ferme la commission de satisfaire aux exigences communales, en justifiant chaque article du compte de 1856, par des quittances postérieurement contresignées par le président du bureau des marguilliers. Ce serait, comme il vous a été observé, donner sujet de m'accuser de suppositions fallacieuses et de subornage auprès du président, à qui on saurait bien faire certifier qu'il a signé de confiance ; comme il arriva pour la délibération concernant les réparations (ci-devant page 11), ce dont je ne pourrais me disculper cette fois, et dont on pourrait user jusqu'à me traduire sur la sellette. Je ne saurais engager ainsi ma responsabilité. C'est au reste un danger, dont la loi a voulu me garantir, en me constituant un conseil et un bureau de fabrique. Si le compte et le budget, vérifiés en détail par ce conseil en séance légitime, dûment constatés au registre et par-dessus cela approuvés de l'autorité compétente de Mgr l'Evêque, ne sont pas, ce qui a toujours été, les seules pièces justificatives auxquelles puisse avoir quelque droit la municipalité qui en a reçu de nous les copies en temps opportun ; mais qu'il puisse être ordonné de produire, outre cela, les quittances du détail lui-même, au gré et disposition de M. le Maire, ce n'est point de moi qu'elles seraient exigibles. Ce serait du trésorier ou du président de la fabrique. Qu'ils en soient donc requis juridiquement. J'en ai prévenu M. le trésorier. Sa décharge bien enregistrée et dûment contrôlée le laissera attendre de pied ferme. Il va s'ensuivre la démission de ce fonctionnaire, et peut-être celle de tous les fabriciens libres. Une fabrique ainsi mise à la barre de l'arbitraire se sent comme un être anéanti.

« Je suis avec respect Monsieur le Vicaire général, votre très-humble serviteur.

« MOURGUES, *doyen*. »

N'était-il pas indigne le rôle que jouait ici notre débutant grand-vicaire ? Vil suppôt des requérants qui lui faisaient la loi, au lieu de les renvoyer avec leur prétendue loi aux légitimes actionnaires des lois, par réciprocité de sympathie ou fureur d'exaction, il se faisait leur huissier ; et parce que le trésorier, seul responsable aux yeux de la loi, ayant régulièrement satisfait, aurait pu, en vertu de sa quittance de décharge, l'envoyer au loup avec peines et frais perdus, il cherchait son profit et son mérite à ne s'attaquer directement qu'au curé, qui, tout irresponsable et imprenable qu'il fût devant la loi, se trouvait toujours sujet à son omnipotence épiscopale. Vu ma résistance il se contenta pour le moment de verbaliser ainsi :

« Mende, 9 novembre 1857.

« Monsieur le Doyen,

« Votre lettre a éte lue en conseil, et tous ces messieurs blâment votre détermination. Jai été chargé de vous en faire comprendre les conséquences. Vous vous placez en dehors de l'autorité de votre Evêque qui vous a invité d'agir autrement (n° 12. H. Vidal). Le conseil municipal refusera de voter le traitement du vicaire, qu'on sera dès lors obligé de vous enlever. Comment suffirez-vous seul au service de la paroisse d'Allenc, à votre âge, avec vos infirmités ? La population n'en sera-t-elle pas émue, au point de rendre votre retraite indispensable? Votre refus de produire vos pièces fera supposer que votre gestion a été gravement répréhensible, tandis que, à mon avis, elle peut être facilement justifiée. Veuillez y réfléchir encore, et ne pas vous exposer à un danger plus grave dans le but de vous soustraire à quelque inconvénient. Je vous prie de me croire toujours, Monsieur le Doyen, votre très-humble et tout dévoué serviteur.

« H. VIDAL, *vicaire général.* »

Ce n'étaient que des sophismes qu'il y avait à rétorquer et à démentir de suite.

« Allenc, 10 Novembre 1857.

« MONSIEUR LE VICAIRE GÉNÉRAL,

« Si tous les messieurs de votre conseil ont pu, à un certain point de vue, vis-à-vis de vous, faisant, pour Mgr l'Evêque absent, blâmer ma détermination de ne pas céder à l'illégitime sommation que vous m'avez faite de sortir les pièces des archives de la fabrique, pour les aller faire tenir où voudra M. le Maire à sa possession et fantaisie, ils auraient dû bien davantage, sous tous rapports, vis-à-vis de l'intérêt général, regretter et maudire votre téméraire sommation, qui étant la cause injuste de mon innocente détermination, serait la cause responsable de toutes ces conséquences d'alarme, que sur de fausses données vous vous êtes chargé de me faire comprendre. Comme si, en dissimulant et tâchant de donner le change, il était permis de faire comprendre autrement que tout est compris et bien compris.

« 1° Bien compris que, pour me défendre honnêtememt d'exécuter contre ma conscience ce qu'il n'entre pas dans les attributions épiscopales de pouvoir exiger de moi, je ne me mets pas en dehors de l'autorité de mon Evêque, tant que je lui reste uni et soumis comme je suis, et veux être, en tout ce qui est de sa légitime compétence.

« 2° Bien compris que de donner à entendre, comme vous faites, qu'au cas où l'on refusera le traitement du vicaire, le vicaire sera enlevé, c'est enhardir une bouderie de défi par une bouderie de lâcheté, et servir le caprice au dépens de la justice; d'où n'examinant pas même, si ayant fait jusqu'ici et faisant encore pour un, assez bon, je pourrai à mon âge et avec mes infirmités, ma faible vue de toujours, le vicaire m'étant enlevé, faire pour deux, la conclusion doit être que le traitement du vicaire étant dû et légalement requis, le cas n'est pas de le mendier honteusement par des bassesses désastreuses, mais de l'obtenir honorablement par un acte de vigueur salutaire appartenant à ceux en qui la dignité épiscopale ouvre ascendant, d'autorité en autorité, jusqu'à la souveraine, laquelle, en fondant les traitements, ne les a point laissés dépendre des humeurs si bizarres des individus, mais a réglé, en prévision de tant de bisbilles possibles, qu'ils pussent, s'il le fallait, être imposés d'office, malgré les maires mêmes.

« 3° Bien compris qu'ayant à souffrir plus ou moins de l'enlèvement du vicaire, fût-ce de l'actuel comme d'un autre, l'innocente et sensée population en pourrait être émue jusqu'à maudire les auteurs et les fauteurs de l'unique expédient; mais jamais au point de méconnaître l'affection et le dévouement de son curé injustement puni comme elle; moins encore au point d'ouïr parler de sa retraite pour un pareil motif, sans crier à la trahison et à la forfaiture.

« 4° Bien compris, fût-on des enfants, que nos pièces justificatives ayant été produites toutes les fois, et quand elles ont dû l'être, au conseil de fabrique, en séance légitime, où il n'a tenu qu'à M. le Maire, dûment convoqué de les censurer et apprécier, notre refus de les lui faire tenir ensuite hors de là à domicile, ou en conseil municipal, séparément de la fabrique, n'a rien de quoi faire soupçonner notre gestion; surtout quand il est au su de tout le monde et attesté par nos écrits, que notre refus ici a pour unique et bonne raison l'illégalité de l'exigence de ce M. le Maire Bros, et l'imprudence qu'il y aurait à se laisser mettre hors la loi à chaque occasion d'une de ses rodomontades. Demeurant toujours bien entendu et de nouveau constaté, pour plus durable souvenir, que si M. le grand vicaire, sous le seing de qui nous ont été rendus révisés et approuvés les titres garants de notre gestion, voulait que Monseigneur usât par lui-même de nos pièces justificatives, pour faire respecter son approbation épiscopale et la rendre efficace, nous les tenons là en bon paquet à sa disposition, prêtes à lui arriver au premier appel.

« Ainsi le comprendra quiconque, en y refléchissant, n'aura pas de parti pris. Puisse, Monsieur le Vicaire général, le vouloir comprendre de même, et, avec l'aide d'un conseil mieux éprouvé, s'il daigne y recourir, se désister d'un système, qui ne présente, pour fondement, qu'erreur sur erreur, et pour résultat qu'ignominie sur ignominie.

« Bientôt, je l'espère, au lieu de me blâmer, on me saura bon gré d'avoir tenu ferme pour les droits de l'Eglise et pour l'honneur de l'administration diocésaine.

« Je suis avec respect, Monsieur le Vicaire général, votre très-humble serviteur.

« MOURGUES, *doyen.* »

Si M. H. Vidal avait juré de vaincre, cette riposte n'allait que l'aguerrir. Je ne fis point partir ma réponse. J'attendais une décision plus imposante. Malheureusement monsieur l'abbé Prompbault, à qui le cas avait été proposé avec prière d'une solide décision, retenu au loin pour cause de maladie, gardait l'exposé devers lui, et rien ne me venait. J'espérais que Mgr l'Evêque aurait, de quelque part, avisé plus sagement, et que, bientôt de retour, il ne voudrait pas laisser annuler les prérogatives de sa dignité aux dépens des droits de l'Eglise. En attendant, résigné à voir venir, je continuais de m'appliquer avec courage au service et aux besoins de la paroisse, dévoué par état et d'affection au bien d'un peuple, que m'avaient rendu cher les peines et les joies de son avancement, et que m'attachaient, de plus en plus, les témoignages de sa fidélité et de ses sympathies, surtout en ces temps de tribulation.

Déjà, en dépit du despotisme, qui, ne pouvant nous déposséder, s'industriait à nous appauvrir, nous étions parvenu, avec des fonds de don aloi, chasser de notre habitation l'eau et la fumée, et à défendre les édifices paroissiaux des intempéries de l'hiver. Déjà, du produit d'une quête, nous avions versé au secrétariat de l'évêché le contingent voulu pour donner droit à la paroisse de participer aux missions périodiques. Déjà tout était prévu, et les mesures prises, pour une mission préparatoire du jubilé, quand Monseigneur, revenu de tout frais, après avoir, par une première réponse, fait droit à ma demande de deux missionnaires, m'annonçant par une seconde que l'époque était changée au gré de mes désirs, m'ajouta en même lettre du 5 décembre 1857 :

N° 14.

« MON CHER MONSIEUR LE CURÉ,

« Que je vous rappelle l'obligation de présenter au conseil municipal les pièces demandées et sans lesquelles le traitement ne sera pas voté. M. le préfet m'écrit lettres sur lettres à ce sujet, et il est bien pénible pour moi d'avoir toujours à lui répondre que c'est encore à faire. Les deux administrations sont depuis longtemps préoccupées de cette question. J'espère que vous me donnerez bientôt la satisfaction de pouvoir dire qu'il ne tient pas à nous que le traitement ne soit voté. Vous voyez assez quelles seraient auprès de l'autorité civile les conséquences d'un refus obstiné.

« Je vous renouvelle, mon cher Monsieur le Curé, l'assurance de mon sincère attachement.

« † J.-A.-M., *évêque de Mende.* »

Telle était donc la résignation de Monseigneur lui-même de vouloir, sur la foi de son naissant grand vicaire, sacrifier sa dignité à la gloire d'une maudite intrigue, qui, s'agitant de la mairie à la préfecture et de la préfecture à l'évêché, avait ensorcelé tout le monde ; à même égarement il y eut à opposer même rappel.

Allenc, 8 décembre 1857.

« MONSEIGNEUR,

« Je suis vivement confus, pour ainsi dire confondu, que vous me rappeliez comme une obligation de présenter au conseil municipal les pièces justificatives à défaut desquelles on affecte, pour arriver sans doute à l'honneur, dont on s'est vanté, de bien faire aller le Curé, en disant de Sa Grandeur : Cette fois-ci nous le tenons, l'Evêque ; on affecte, dis-je, de ne pas voter un traitement obligatoire ; je dis obligatoire, car, d'après le décret de 1809 et aux termes de la loi du 18 juillet 1837, art. 30. § 30, sont ordonnés des secours aux fabriques et à autres établissements préposés aux cultes, dont les ministres sont salariés par l'Etat, en cas d'insuffisance de leurs revenus, justifiée par leurs comptes et budgets ; or le conseil municipal d'Allenc a vu, et peut voir encore par ses experts organes, l'insuffisance des revenus de notre fabrique, justifiée par nos comptes et budgets revêtus de l'approbation de Sa Grandeur ; lesquels lui ont été remis en temps opportun. C'est ainsi qu'est justifiée par toutes les fabriques du diocèse l'insuffisance de leurs revenus. C'est ainsi que la reconnaissent justifiée tous les conseils municipaux du département. Et néanmoins il faudrait à nos officiers de la municipalité d'Allenc d'autres pièces justificatives en sus de celles-là, et il y aurait obligation pour moi curé de les déplacer des archives, pour les leur livrer à discrétion ! Non, ce n'est pas possible.

« Il me semble, Monseigneur, qu'il ne peut y avoir d'obligation de mon côté, à cet égard, qu'autant qu'il y aurait, au même égard, quelque droit du côté du conseil municipal. Or, il n'y a aucun droit du côté du conseil municipal d'exiger ces sortes de pièces, de ma part surtout, la loi ayant voulu me faire rester à l'abri, en me composant un conseil de fabrique duquel, aussi bien que moi, se trouve membre-né M. le Maire, qui, par conséquent, n'a guère plus à réclamer ici de moi que de lui-même. Il l'a bien senti, le fourbe requérant, et, tout bien fondé qu'il se fait apparaître, sous ombre d'une loi, il n'a eu garde de se diriger vers moi personnellement et de m'actionner directement. Donc, il ne peut y avoir pour moi aucune obligation de présenter, même sans déplacement pourrais-je dire, ces pièces ainsi exigées arbitrairement, et desquelles la possession ne m'appartient pas même en propre.

« Cette obligation n'existant pas, votre autorité, Monseigneur, la seule qui pourrait me l'imposer, votre autorité, si pleine pour moi d'égards, de mansuétude, de bonté, voudra bien me l'épargner, cette singulière obligation, tandis surtout qu'elle m'est impossible, et me deviendrait compromettante. Impossible de rassembler, déjà de loin, des reçus de menu détail autant qu'il en faudrait à des exacteurs insatiables! Impossible et trop téméraire de vouloir introduire tous les bancs de l'église, sans oublier les longs archibancs de la tribune, en séance du conseil municipal, fût-ce dans les grandes salles de nos châtelains, pour fournir au liquidateur incroyant, sans se déranger, la noble aisance de toucher du doigt chaque place, et d'en chiffrer à la criée le produit et la somme! Impossible de trouver, qui sait où, chacun des industriels ambulants qui ont vendu les cordons d'aube, ou fourni l'encens, ou rhabillé les vases, ou réparé les vitres. Impossible de recevoir de tant d'absents, lettrés ou illettrés, tant de légales quittances! d'autant plus qu'il serait ridicule et honteux de tant s'importuner pour complaire à la vanité d'une exigence tout arbitraire et de pur caprice.

« Voudrait-on, suivant le plan auquel M. H. Vidal semble intéresser Sa Grandeur, essayer de suppléer ces quittances par des mandats à l'ordre du président, des marguilliers, acquittés par le consommateur, ou par n'importe quel fournisseur accommodant? Mais il y aurait en cela plus que de l'imprudence; et de telles pièces, à l'approche du clairvoyant liquidateur, ne seraient pas trouvées d'une valeur moins douteuse que le compte ou budget, dont la valeur est bien autrement mieux garantie par l'attestation de l'autorité épiscopale. Ce seraient des pièces artificielles, pour l'annihilation desquelles on pourrait justement obtenir des souscripteurs un certificat, attestant que leur signature a été surprise ou extorquée, comme on l'a obtenue naguère si injustement, pour l'annihilation d'une pièce bien réelle ; une délibération longuement pesée et signée à plein escient (Voir page 11.) Cette fois qu'on aurait contre soi la vérité, jusqu'à quel point cela ne serait-il pas compromettant ? Je ne saurais donc, Monseigneur, m'employer à de telles fabrications, ni votre autorité ne pourrait vouloir me faire tomber ainsi, pieds et poings liés, entre les mains de tel ou tel rancunier qui, en désespoir de m'asservir, se ferait une fête de me flétrir.

« Mais posé comme premier cette détermination de ma part, que sera-t-il raisonnable d'en conclure ? Que ma gestion est suspecte et gravement compromise, ainsi qu'a voulu m'en faire peur votre jeune grand-vicaire ? Non, ma gestion ne risque rien ; le conseil de fabrique est là pour la défendre ; ses comptes et budgets pour la justifier ; les comptes et budgets des paroisses proportionnelles du diocèse pour en faire ressortir l'économie ; est là, aussi bien, je l'espère, la voix unanime de mes confrères ; et, un jour, je voudrais pouvoir dire de mes supérieurs eux-mêmes, pour, sinon me louer et me bénir, du moins m'excuser et me pardonner, d'avoir, après m'être conformé aux règles et ordonnances diocésaines relatives aux lois civiles concernant les fabriques, persévéré fermement à ne pas me laisser entraîner hors du droit commun, et refusé d'ouvrir, par une lâche complaisance, large voie à une générale et désastreuse tyrannie. S'il est besoin pour nous en garantir de remonter jusqu'à la suprême autorité, je supplie qu'il y soit fait appel. Il y a de quoi.

« Ce dont je suis confus, Monseigneur, et confondu jusqu'au plus intime de mon âme, c'est de ne pouvoir me rendre ici à votre entière satisfaction ; à votre satisfaction, à laquelle néanmoins se dévouent, de plus ferme, mes forces, ma santé, ma vie, avec le vœu bien ardent que Dieu veuille arrêter l'injustice, et d'un mal passager faire sortir un bien durable.

« Daignez, Monseigneur, accepter le sincère hommage du profond respect avec lequel, etc.

« MOURGUES, *doyen.* »

Quelle apparence que pour me laisser avoir raison, l'évêché voulut se donner tort. On avait trop avancé pour reculer : Monseigneur poursuivit ainsi le triomphe de l'ignoble système.

N° 15.

« Mende, 11 décembre 1857.

« Mon cher Monsieur le Curé,

« Je serais bien enchanté, je vous assure, de pouvoir vous dispenser de ce que la loi exige. Mais que puis-je faire ? On l'exige, la loi à la main, et l'on dit : nous votons le traitement du vicaire, si vous remplissez la condition voulue. Sinon, non. Maintenant si nous nous refusons, le traitement ne sera pas voté ; le vicaire sera retiré, sans qu'il soit possible de le remplacer. Qu'en résultera-t-il pour la paroisse, pour vous, pour moi-même, dans l'opinion de tous, dans l'esprit des autorités ? je vous le laisse à penser. M. le Préfet me presse d'obtenir ce qui est de rigueur pour obtenir le vote du traitement. Il ne comprend pas que je ne puisse l'obtenir. Vous voyez quelle position vous me faites, vous vous faites à vous-même et un peu à tout le monde. Je serais heureux de pouvoir prouver à ces messieurs qu'ils ne sont pas dans leur droit en exigeant ce qu'ils exigent ; mais, comment le prouver ? personne ici n'élève de doute sur le droit du conseil municipal d'exiger la production des pièces justificatives à l'appui des comptes et budgets, quand la fabrique demande un secours. Je sais bien que la loi et les instructions ministérielles sont à cet égard peu respectueuses pour les Evêques ; mais qu'y faire ? On vous dit : La loi est là avec ses instructions authentiques, ou, du moins, dont vous ne pouvez contester l'authenticité de manière à pouvoir obtenir que ceux qui sont chargés de son exécution, et qui l'entendent ainsi, ne puissent s'en prévaloir ; de manière à vous refuser ce que vous demandez, si vous ne remplissez la condition exigée. C'est à prendre ou à laisser ? Le trésorier peut refuser la production des pièces justificatives ; mais, de son côté, le conseil municipal peut refuser le vote du traitement, et il le refuse.

« Le trésorier seul est en cause, il est vrai, mais, quand le Curé le supplée en toute circonstance, il ne peut pas décliner toute responsabilité du refus des pièces justificatives. Il doit engager le trésorier à se soumettre, et, s'il refuse, lui demander acte de son refus par écrit. Quant aux autres points de votre lettre, il n'est pas question de fournir des quittances pour les recettes ; on ne peut en demander que pour les dépenses ; le registre du trésorier suffit pour les recettes. Au conseil de vérifier, comme il l'entendra, les articles de ce journal.

« Il ne s'agit nullement de la fabrication de pièces artificielles. Il s'agit de procéder franchement et loyalement, de dire : le chiffre des recettes est de tant : telle somme a été employée à tel objet, telle autre à tel autre objet. On produit les quittances qu'on a, ou qu'on peut se procurer par les moyens les plus honnêtes; si sur tels articles on ne peut en produire, on avoue qu'on n'a pas songé à s'en procurer en temps opportun, mais que tel article de dépense s'est élevé à tel chiffre, et que tout le monde peut s'assurer et se convaincre que le chiffre n'est pas exagéré.

« Vous allez dire que ce seront des explications, et que ce n'est pas là ce que demande votre conseil ; qu'il lui faut des quittances bien en règle, cotées et paraphées, et que, si on ne les produit, ce sera un triomphe pour ce conseil, et qu'il en excipera pour refuser le vote du traitement.

« Il est bien certain que votre refus persévérant le rendra plus difficile, et son examen plus sévère. Malgré cela, lorsque, produisant toutes les pièces que M. H. Vidal me dit que vous avez entre les mains, vous aurez donné, sur tous les points susceptibles de quelque discussion, une explication consciencieuse, franche, loyale, si on refuse de s'en contenter, ce sera alors mon affaire de vous défendre et de vous protéger dans les limites du possible. Je le ferai de tout mon cœur, vous pouvez y compter. Mais, de grâce, donnez ce qu'on m'assure que vous avez entre les mains. Vous craignez en faiblissant, dites-vous, d'ouvrir la porte à une jurisprudence oppressive. Mais vous comprenez bien : 1° que toute résistance est ici inutile, ou plutôt qu'elle devient dangereuse et funeste ; car le droit rigoureux du conseil municipal ne peut être contesté au point de vue de la loi, et puisque ce droit est ici invoqué, nous serons dans une impasse jusqu'à ce que nous aurons cédé ; 2° que ce droit ne sera jamais généralement invoqué, et que s'il l'est dans cette circonstance, c'est qu'elle est exceptionnelle. Tel est, M. le Curé, mon avis et celui de mon conseil. Je vous prie instamment de sortir et de nous tirer nous-même d'un labyrinthe sans issue possible.

« Je regrette de vous contrarier, mais je ne puis m'aheurter avec vous à une idée, ou plutôt à une difficulté qui n'a manisfestement que deux issues possibles : la suspension du vicariat d'Allenc, ou le recours à l'autorité supérieure dont la réponse n'est pas douteuse. Je vous renouvelle, M. le Curé, mes affectueux sentiments.

« † J.-A.-M., *évêque de Mende.* »

Dans ce formulaire d'une si touchante délicatesse à l'appui des principes et des conséquences du jeune grand-vicaire H. Vidal, voulant que le Curé eût qualité pour exiger du trésorier son refus par écrit, s'il l'eût voulu, y avait-il eu quelque attention, que tant d'explications et indications, qu'il avait été facile en son temps de représenter en conseil de fabrique, où l'on avait droit de siége et de suffrage, c'était plus que difficile d'aller les reproduire et raisonner en conseil municipal, où l'on n'avait ni vocation ni entrée ?

Tel était néanmoins, pour sortir de cette impasse, où, pour avoir voulu, au lieu de réprimer l'audace dès l'abord, tant ménager les personnes et ne combattre l'arbitraire que par l'arbitraire, s'étaient laissé réduire d'étreinte en étreinte l'une et l'autre autorité. Tel était ce vénal moyen proposé ou accepté, en l'absence de Monseigneur, par son jeune lieutenant, qui semblait l'avoir juré et ici recommandé comme unique, de l'avis de Sa Grandeur et de son conseil, à savoir, que le Curé allât se coucher avec tous ses titres sous les pieds de M. le maire Bros et conjoint, en témoignage monumental du pouvoir à eux commis de faire à Allenc, Préfet, Evêque, Curé, comme il leur plairait et quand ils le voudraient. La fidélité sacerdotale me défendant de coopérer à une prévarication tellement affreuse pour laquelle, n'étant sujet à aucune action législative, il paraissait incroyable que l'action administrative osât par abus d'autorité se porter à me contraindre, je fus résolu, bien à regret assurément, d'insister pour faire changer d'avis à Sa Grandeur.

Allene, 26 décembre 1857.

« Monseigneur,

« La lettre que vous avez pris la peine de m'écrire, à la date du 14 courant, m'est parvenue le 18 à midi. Je sens que malgré l'excuse de la presse de Noël, c'est y répondre un peu tard, mais c'est pour moi bien encore trop tôt, tandis que ma réponse ne peut pas être à l'entière satisfaction de Sa Grandeur. Sans doute il ne m'appartient pas d'opposer de nouveaux arguments à la dignité des représentations débonnaires dont j'ai dû être et suis encore profondément touché. Cependant, plus j'ai réfléchi, en considérant le rôle singulier qu'il s'agirait pour moi d'exécuter, plus ce genre de rôle, quelque agréé et accrédité qu'il puisse être, m'est devenu inexécutable et plus je suis résolu, daigne Votre Grandeur me le pardonner, plus je suis résolu de ne pas m'y employer. Il faut savoir s'en tenir à quelque chose. Il faut qu'on sache si la valeur des actes légitimes de la fabrique s'annule au gré de l'arbitraire ; si ses peines sont inutiles et son œuvre terminée toujours à recommencer. Il faut qu'on sache si le trésorier d'une marguillerie est comptable à tout autre conseil qu'à celui de la fabrique dûment réuni, et si un maire, légalement requis et invité d'assister aux séances déterminées à cet effet, est libre de s'en absenter, même à dessein, pour ensuite en vilipender l'opération et pouvoir, quand il lui plaira, faire contraindre le trésorier et, qui plus est le curé d'aller remettre à discrétion, où bon lui semblera, les pièces justificatives de la gestion, dont il possède, par expédition à lui délivrée, l'acte de détail, vérifié, redressé et ordonnancé par l'autorité épiscopale. Il faut qu'on sache si un officier municipal, fût-ce le président du tribunal, est compétent pour liquider le règlement de l'Evêque comme le tarif d'un huissier.

« De grâce donc, Monseigneur, qu'il soit fait appel à l'administration supérieure, jusqu'à l'autorité souveraine, s'il le fallait. Impossible qu'il fût statué par le ministre, encore moins par le conseil d'Etat, qu'un trésorier, au lieu de pouvoir se reposer du souci de sa gestion sur la quittance finale qu'il en a obtenue, bien visée et bien enregistrée, doive au contraire, sans avoir à compter rien là-dessus, être toujours dans l'inquiétude de se voir traduire tôt ou tard, avec ses quelques lambeaux de reçus, à la merci d'un arbitraire désordonné ou malveillant. Plus impossible encore, le cas échéant, qu'il fût statué que ce serait la tâche obligatoire du Curé de faire le trésorier, pour déterrer ces débris et les faire posséder à des artisans suspects, sans autre garantie des abus qui pourraient en résulter vis-à-vis de lui-même, vis-à-vis du trésorier, vis-à-vis de tant d'autres.

« Qu'en attendant il y ait à craindre pour le vicariat d'Allenc, parce que, en désespoir de se faire valoir autrement, on s'ahcurte à ne pas voter le traitement du vicaire, dont le vote pourtant, s'il était forcé par qui de droit ou suppléé d'office, ne ferait pas perdre aux requérants, ni ne les empêcherait pas d'exercer le prétendu droit, qu'ils se font supposer, de poursuivre la production des pièces justificatives, nous n'en serons pas responsables nous de la fabrique, qui avons fait dans notre ressort et fourni tout ce qui était de notre compétence et de notre devoir pour que ce traitement soit voté. 'Sil ne l'est pas, l'efficacité de nos démarches ne dépendant pas de nous, mais d'une autorité supérieure à la nôtre, la chose n'est plus à notre charge ; c'est plus haut qu'elle devra peser sur ceux à qui elle incombe, d'une fois qu'elle leur a été recommandée.

« Mais quels seront les résultats pour l'autorité diocésaine, un triomphe immanquable et complet, s'il plaît à Dieu, lequel sera propre à rehausser l'idée de l'action de cette autorité, que ne saurait assez ennoblir, tout insigne qu'il paraît, son facile ascendant sur un clergé soumis et dévoué.

« Mais la paroisse ? La paroisse, en nous plaignant, nous, est plus affectionnée que jamais. Il pourra bien y avoir une certaine émotion ; mais pût-elle être assez vive pour donner l'élan à la voix populaire, dont le timide murmure ne laisse pas de causer, quelque part, un peu de confusion !

« Mais pour moi, chétif curé d'Allenc toujours destiné au premier feu, hélas ! il semble, quelque parti que j'aie pris, qu'il y a de tout côté des fléaux qui m'attendent ! qu'y faire ? je devrai m'y résigner ; heureux de n'être coupable de rien. Et ce ne sera pas, je crois, en finissant, m'être rendu coupable, que d'avoir dans l'alternative de deux maux, évité le plus grand préférablement au moindre, ayant jugé prudemment, j'espère, en jugeant que ce serait un moindre mal, s'agît-il de la vie, de la perdre par force que de se suicider. »

« Ainsi me l'a dicté, Monseigneur, cette loi non fictive, qui pour moi, comme pour tout le monde, même pour un Préfet, pour un Evêque, est la première loi, la loi naturelle. C'est à cette loi sacrée que j'ai dû obéir, en m'accablant sous un poids de regrets, de ce que, pour ne pas complaire à un despotisme désastreux, je complais si mal à l'avis de votre imposant conseil. Osant toujours protester du profond respect, avec lequel je suis, Monseigneur, de Votre Grandeur le très-humble serviteur.

« MOURGUES, *doyen*. »

Plus je résistais, plus la contrainte redoublait. Le grand machinateur machinait çà et là, faisait aller le Préfet, le Préfet faisait aller l'Evêque, et ma réponse n'était pas encore parvenue à son adresse, que déjà se poussaient, lettre par lettre, vers mon domicile les deux suivantes, déjà annoncées aux échos du bas vallon d'Allenc par cette sournoise jacterie : Il faut qu'il se rende, le Curé,

N° 16. — Le Préfet à l'Evêque.

« Mende, 14 décembre 1857.

« MONSEIGNEUR,

« J'ai l'honneur de communiquer à Votre Grandeur une nouvelle lettre de M. le Maire d'Allenc, par laquelle il m'informe que le Curé de cette paroisse ne lui a pas encore remis les pièces justificatives des comptes de la fabrique, dont la production a été demandée par le conseil municipal, suivant la délibération du 9 août dernier.

« Une telle résistance de la part d'un ecclésiastique, ne peut produire qu'un effet des plus déplorables sur l'esprit des populations ; comme aussi elle peut avoir des conséquences très-fâcheuses pour M. le vicaire, dont le traitement de 1858 n'est pas encore assuré, et pour la commune qui sera obligée de payer en sus les frais de confection d'un rôle spécial.

« En définitive, le conseil municipal d'Allenc n'a exigé qu'une chose parfaitement légale. La lui refuser plus longtemps, ce serait s'exposer à faire croire qu'un ecclésiastique peut s'affranchir impunément de toute règle, alors que l'exemple de la soumission aux lois, de la régularité et de la bienveillance dans les rapports, devrait partir de ceux qui exercent le saint ministère.

« Votre Grandeur, je n'en doute pas, Monseigneur, saura apprécier les dangers d'une telle situation, et elle voudra bien prendre, même dans l'intérêt de M. le curé d'Allenc, les mesures nécessaires pour y mettre un terme.

« Agréez, Monseigneur, l'assurance de ma haute considération.

« *Le Préfet*, MARQUIS DE FLEURY. »

N° 17. — Mgr l'Evêque au Curé.

« Mende, le saint jour de Noël 1857.

« MON CHER MONSIEUR LE CURÉ,

« Je vous transmets la lettre que je viens de recevoir de la préfecture, vous me mettez dans une position bien singulière, et vous donnez une bien triste idée de l'action qu'exerce l'autorité épiscopale dans le diocèse. Vous comprenez à quelle extrémité vous me réduisez par votre obstination, dont je n'ai point vu d'exemple. Au nom de Dieu, faites ce qu'on vous demande ; et prévenez un résultat que je déplorerais, car je tiendrais infiniment à pouvoir vous conserver et continuer ma confiance.

« † J.-A.-M., *Evêque de Mende.* »

« *P. S.* Veuillez me renvoyer la lettre du Préfet, dès que vous aurez fait la démarche que je vous demande ; et, au plus tard, deux jours après l'avoir reçue. »

C'est ainsi qu'à force de biaiser autour de la chicane, Evêque et Préfet, se laissant fausser la loi, avaient subi le joug de l'arbitraire. D'où le poids d'influence qui pesait sur le Préfet, la pression que le Préfet exerçait sur l'Evêque, et l'atroce violence dont l'action réunie des deux autorités opprimait le Curé en son plein droit. C'est ainsi que, au même temps où notre bienfaisant Empereur Napoléon III tenait à Rome une armée française, en face des complots Mazziniens, pour aider Sa Sainteté Pie IX à sauver de l'invasion révolutionnaire le pouvoir temporel de l'Eglise, ici, en France, au diocèse de Mende, au département de la Lozère, les deux administrations ecclésiastique et civile rivalisaient de suffisance et de mérite, pour contraindre un fidèle Curé à céder à une profane cabale la part de ce même pouvoir confié à sa garde. Pitoyable égarement !

C'était l'ordre formel du débonnaire Prélat. Or

dre doublement sacré, au nom de Sa Grandeur et au saint nom de Dieu! j'en étais saisi de vénération et de regret! A quoi devait-il donc tenir que je ne m'y soumisse? N'était-ce pas amour-propre, ou mauvais cœur? Non, trois fois non, Dieu m'en est témoin, pour peu que cet ordre eût pu paraître raisonnable, outre mon naturel dévouement, j'en atteste, mes bien-aimés collaborateurs Rousselier, Bestion, Cuffier, Borel, Alcher et autres qui m'ont pu voir à l'œuvre, le seul sentiment religieux était assez capable de me résigner à la sainte vertu d'obéissance. Mais, tandis que cet ordre malheureux à mes yeux, comme aux yeux de tant de judicieux confrères, se trouvait en pleine évidence d'une chose indue, désordonnée, désastreuse, hormis de rompre avec mon âme et devenir machine, ne devais-je pas à ma conscience comme au bien public, de persister à m'en défendre?

N'en voyant plus qu'un dernier moyen, lequel, s'il ne faisait pas changer les dispositions épiscopales, allait du moins couper court à la malignité, qui, par son affectation à redire que c'était à Mgr l'Evêque que je ne voulais pas donner mes pièces justificatives, insinuait, en plus d'un rang, la perfide conclusion que je me sentais mal en règle et mes affaires en mécompte, conclusion trop pénible pour un homme d'ordre et de droiture comme je croyais me pouvoir flatter de l'être; je pris mon gros paquet de pièces justificatives que j'avais encore là sous-bande, depuis que l'intendant grand-vicaire en avait agréé et puis rejeté l'envoi à l'évêché, et, pour preuve de ma soumission indéfectible et effective, à qui et quand elle pouvait être due et permise, je l'expédiai par la poste, à l'adresse de Sa Grandeur, avec cette lettre :

« Allenc, 2 janvier 1858.

« MONSEIGNEUR,

« Hier, seulement, 1er janvier, deux heures de midi, a été déposé au presbytère d'Allenc le paquet timbré à Mende, 28 décembre, contenant la lettre de M. le Préfet, datée du 14, que Votre Grandeur m'adresse avec la sienne datée du saint jour de Noel, 25, par laquelle je me vois sommé, au nom de Dieu.

« Souffrez, Monseigneur, que moi aussi, tout misérable que je suis, au nom de Dieu j'ose vous conjurer de ne point m'accuser, ni même me soupçonner de vouloir amoindrir l'idée de l'action que l'autorité épiscopale exerce dans le diocèse. mais, puisque pour la faire grossir aux yeux des séculiers il est arrêté dans votre conseil qu'il soit complû à leurs caprices, me voici, Monseigneur, qui viens livrer les pièces par eux exigées : les livrer, mais à qui? non point à M. le Maire, ni à M. le Préfet, à qui elles ne sont point dues, et qui non plus n'auront point à se vanter de m'avoir fait coopérer, en les leur livrant de mes mains, à l'outrageuse liquidation à laquelle ils prétendent soumettre un compte revisé, redressé et ordonnancé par l'autorité épiscopale. Non, jamais! Ce n'est qu'entre vos fidèles mains, Monseigneur, que je viens les déposer et les confier. Ce sera à Votre Grandeur de discerner à quel usage elle doit les laisser employer, sous quelle garantie, et avec quel espoir de succès pour le présent et pour l'avenir. Triste moyen pour moi de conjurer mon mal, si, après telles significations, mon mal était encore à conjurer! Aussi, n'est-ce pas seulement en vue de mon propre intérêt que je cède à la violence cet espèce d'avantage; c'est pour vous prêter à vous, Monseigneur, à qui, durant votre absence, j'avais eu l'honneur de l'offrir en la personne de votre jeune grand-vicaire, ce moyen, imaginé unique, de sortir d'un embarras de si difficile issue à vos yeux, mais, aux miens, tellement subordonné à l'arbitraire, qu'il ne m'est pas permis en conscience d'en affronter les détours et les périls, devant à Dieu et à la loi de ne pas participer à la sécularisation de ma paroisse et de tout le diocèse peu à peu.

« Se trouve ci-jointe, qui vous revient, la lettre de M. le préfet, à qui il sied aussi mal de vouloir faire la police à ceux qui ne lui appartiennent pas, que de se la laisser faire à lui-même par ceux qui lui appartiennent.

« Qu'il me soit permis en ce renouvellement d'année, de protester de plus fort de la sincérité de mes vœux et du profond respect avec lequel je suis, Monseigneur, de Votre Grandeur le très-humble serviteur.

« MOURGUES, *doyen*. »

J'avais bien raisonné. Une administration rajeunie comme la nôtre, la volonté dans le pouvoir lui tenant lieu de raison, n'avait rien à céder à un si menu champion de notre vieillerie; pas d'autre examen, pas de recours aux jurisconsultes, pas d'appel à l'autorité supérieure, mais décidément la production des pièces de la fabrique à la mairie, non par la médiation de Mgr l'Evêque, ou du Préfet, ou d'un délégué d'office, mais uniquement par le Curé lui-même. Ainsi arrêté par les boudeurs ; défini, réglé et ordonné par mandement de M. H. Vidal, approuvé et confirmé par Mgr l'Evêque.(Voir ci-devant.)

« En vertu de quoi Sa Grandeur, plus faible vis-à-vis des forts que ferme vis-à-vis du faible, ayant le paquet de nos pièces déposé à l'évêché à sa disposition, Sa Grandeur, qui l'eût cru ou n'en sera pas étonné, ne voulut pas s'en contenter ; mais, s'y laissant voir peut-être un outrage de défi, ou un signe de découragement, me fit renvoyer le tout par son actionnaire émérite, qui avec l'élan d'un recors inexorable, comme s'il me tenait, me prononça cette injonction cornue :

N° 18.

« Mende, 5 janvier 1858.

« MONSIEUR LE CURÉ,

« Monseigneur me charge d'examiner les pièces que vous lui avez transmises. Voici les observations que j'ai soumises à Sa Grandeur, et qu'elle me charge de vous faire connaître : 1° Il est fâcheux que la pièce N° 1. ait été surchargée en plusieurs endroits (on voyait, au registre du trésorier, noté, à côté du rhabillage de l'ostensoir quittancé, 8 fr. , un franc de port payé en sus ; ailleurs, le minime déboursé pour deux balais et une corde de lampe, pour souvenir de date en conseil de fabrique.) quelles surcharges !) Telle qu'elle est néanmoins on peut la produire. 2° Vous ferez bien de demander à Jaffner une quittance pour les n°s 7 et 9 (cômme si Jaffner d'Allenc me pouvait quittancer le rhabilge des souches et d'un vase, effectué par un passant du Cantal !) 3° Vous ferez bien de délivrer vous-même au trésorier une quittance des sommes que vous avez reçues pour pain, vin, etc., (comme si la quittance qu'il tenait de la fabrique ne valait pas sans la mienne!) 4° Enfin je vous engage de joindre au dossier (ce que Monseigneur disait, n°. 174 n'être pas nécessaire), le tableau des bancs et chaises de l'église (comme si le tableau des bancs, sans les bancs pouvait faire foi!). Vous adresserez, avec le tout, à M. le Maire une lettre convenable, dans laquelle, après avoir énoncé les dépenses accidentelles dont vous ne pourriez pas justifier (comme s'il y en avait de cette sorte), vous diriez (n° 15) que vos notes manquent de quelque exactitude, parce que vous ne pensiez pas qu'on fût fondé à exiger la production des pièces justificatives. (C'est-à-dire, qu'à bout d'haleine, les uns s'accoudaient sur les autres.) (*Ibid.*)

« Ainsi que je vous l'avais écrit une fois, Monsieur le Curé (n° 12), Monseigneur ne peut pas transmettre lui-même les pièces à M. le Préfet, et pour les motifs alors énoncés.

« Vous pourriez dire, à la vérité, que cette production des pièces n'a pas été demandée d'une manière régulière (n°s 9 et 10), mais cette question a été traitée directement entre M. le Préfet et Mgr l'Evêque : le droit a été constaté (qui sait?), seulement dans le cas présent on a cru inutile de demander au conseil municipal d'Allenc une nouvelle délibération. Il ne faut pas se montrer trop rigoureux, si on ne veut pas qu'on le soit.

« Vous répliquerez que le trésorier seul est en cause et non pas vous. Je crois vous avoir déjà écrit (lettre de l'Evêque n° 15) que faisant vous-même en réalité les fonctions de trésorier, il fallait bien subir les conséquences de cette situation et en supporter les charges.

« D'ailleurs quand votre Evêque a prononcé, et plusieurs fois, n'est-ce pas un devoir pour vous de vous soumettre? Vouloir soutenir son autorité, en refusant de vous y soumettre vous-même, n'est-ce pas être inconséquent? Mais il faut bien en finir avec les explications ; et quelque pénible que soit le langage que va tracer ma plume, je me dois d'exécuter les ordres de Sa Grandeur.

« Elle vous ordonne donc de transmettre vous-même ou de faire transmettre par votre trésorier (de quel droit?) à M. le Maire les pièces en question ; après vous être conformé à mes prescriptions sur ces pièces, si vous le jugez convenable. Et cela avant le 15 de ce mois. Si le 15 janvier, au soir, ce devoir n'est pas rempli, Monseigneur vous retire, par le seul fait de cette désobéissance, vos pouvoirs de Curé d'Allenc.

« Veuillez me croire votre bien dévoué et tout affectionné en Notre-Seigneur.

« H. VIDAL. *v. g.*

Du fond du canon ainsi braqué se produisait à la vue du Curé voué à l'anathème ce lugubre pronostic, que la révocation de ses pouvoirs ne pouvait être que le prélude de la révocation de son titre et de tout, n'importe sous quels prétextes de charges ou de difficultés : affront auquel il ne saurait échapper qu'en se démettant lui-même, sinon de bon gré, au moins par force.

En attendant, le premier coup allait frapper : *Si le 15 janvier, au soir, ce devoir n'est pas rempli, Monseigneur vous retire, par le seul fait de cette désobéissance, vos pouvoirs de Curé d'Allenc.*

Que faire ? C'eût bien été le cas sans doute de pousser au plus haut le cri d'alarme, et de faire opposition à un tel abus des censures ecclésiastiques. Mais quel scandale ! Je crus devoir me résigner pour le moment ; et, confiant au temps et aux remords l'espoir que justice me serait rendue, j'écrivis à l'adresse de mon vainqueur :

« Allenc, 8 janvier 1858.

« MONSIEUR LE VICAIRE GÉNÉRAL,

« Ne comprenant pas que, en fait d'administration temporelle, l'autorité même épiscopale pût étendre son action jusque-là, que de m'imposer rigoureusement une obligation que les lois ne m'imposent nullement, je ne me suis pas cru, et je ne me crois pas coupable d'une désobéissance punissable, en m'en tenant à une obéissance raisonnable, *rationabile obsequium*.

« Mais dès qu'il s'agit de juridiction ecclésiastique, ma soumission cesse de se raisonner. J'obéirai aveuglément ; je me soumettrai avec résignation et confiance. Ainsi, puisque par votre ministère, Monsieur le Vicaire général, il m'est signifié, de la part de Sa Grandeur, que le 15 janvier courant, par ce seul fait que je n'aurai pas livré à M. le Maire, outre les pièces voulues par la loi, lesquelles lui ont été remises en temps voulu, autres pièces sur pièces, à discrétion, nommément ou sommairement indiquées par diverses lettres de l'évêché, avec tant de variantes sur le fond, sur la forme, par le seul fait de cette désobéissance, dites-vous, mes pouvoirs de Curé d'Allenc cesseront dès le soir même de ce jour, m'étant retirés par Monseigneur, dès ce jour je m'abstiendrai de toute fonction dépendante de ce titre de Curé d'Allenc, duquel pourtant ne me sera pas ravi le mérite d'avoir porté le poids, fait fructifier la vertu et défendre la dignité durant dix ans et trois mois : plus longuement qu'aucun de mes prédécesseurs, depuis M. Gattier, le premier qui l'occupa après la répression des antechrits de nonante-deux.

« Cependant, comme de finir ainsi mon ministère sous un tel coup de violence ne pourrait être que d'un aspect révoltant et regrettable pour le cœur si affectueux de mon Evêque ; je choisis, en priant qu'il n'y ait pas d'offense, un mode moins désagréable à tout le monde comme à moi-même, et tout aussi expéditif. C'est pourquoi j'offre par la présente le sacrifice de ma démission, que je vous prie de déposer aux pieds de Sa Grandeur, me tenant à sa disposition pour les besoins de la paroisse que j'ai cultivée avec succès comme avec zèle et que je ne quitterai qu'à regret.

« Je suis avec respect, Monsieur le Vicaire général, votre très-humble serviteur.

« MOURGUES, *doyen*. »

Vive la loi du plus fort ! heureux le maître de la victoire au milieu des compliments des adhérents et des flatteurs ! heureux, s'il pouvait jouir sans remords du beau renom que lui aura valu cette rencontre de faire trembler le diocèse, en faisant voir dès son début comme il était capable de sommer un vieux Curé, un doyen, de payer, à qui absolument rien n'était dû, autant qu'il aurait taxé et de la main qu'il aurait prescrit, et, s'il y opposait, le saisir corps et biens pour tout mettre à l'encan.

Mon sort était remis entre les mains de mon Evêque, et se recommandait de lui-même à sa paternelle sollicitude. N'allait-il pas, en faisant contenter son monde de l'hommage de ma démission comme d'un bel à-compte, me retenir en place, jusque après m'avoir pourvu de tout point selon mon rang, de manière que ma retraite ne semblât pas une dégradation ?

Non ; point de tout de ces attentions. Mon affectueux Evêque qui venait de m'exprimer dans ses dernières lettres, de la manière la plus touchante, combien il tiendrait à me conserver et à me continuer sa confiance, ravi de l'offre de ma démission comme d'un heureux moyen, si on avait su en profiter, de dérober son injuste anathème au blâme et à la honte, mon affectueux Evêque se hâta de m'accuser par écrit son acceptation de la démission offerte ; m'en adressant, au milieu de ses regrets d'un tel dénoûment, tout plein de félicitations, de compliments et de remercîments ; avec cette assurance réitérée que je trouverais toujours en lui un ami sincère, qui serait heureux toutes les fois qu'il lui serait possible de me donner par ses actes des preuves du vif intérêt qu'il me portait. Mais Sa Grandeur ne faisait que me continuer mes pouvoirs jusqu'à l'arrivée de mon remplaçant, dont je vais m'occuper, puisque, c'était la remarque, puisque vous le voulez, remarque qui pourrait se donner dans la suite pour excuse en faux-fuyant, que c'était moi-même qui, au lieu d'obéir et garder mon poste, m'en étais dépouillé en donnant ma démission. Comme si une démission ainsi arrachée, le poignard sur la gorge, accusait autre chose qu'une brutale oppression.

Elle ne pouvait guère tarder, vu surtout la surabondance des sujets et la manie fanatique de déplacer les anciens pour faire place aux nouveaux, elle ne pouvait guère tarder à sonner l'heure de mon dernier *vade in pace*.

Mais quel était donc, pour m'en rendre compte à moi-même et tout soumettre aux informations du public, quel était l'état d'appréciation, où je laissais, en ce moment suprême, mon ministère, ma gestion, ma conduite ?

1° Mon ministère, le seul objet essentiel de ma mission, n'avait-il pas assez réussi partout, notamment à Allenc. Depuis dix ans, à dater du dernier trimestre de 1847, que j'étais venu, en rencontre d'un vicaire nouveau venu comme moi, l'excellent M. Alcher, j'étais venu de Servières, cédant aux instances amicales du bon M. Comandré, entreprendre la direction de cette tant décriée paroisse, heureusement moins intraitable d'effet que de renom, on y avait vu s'opérer progressivement les améliorations les plus désirables et les plus édifiantes : une foule d'impratiquants ramenés et tenus au courant ; un bon nombre d'unions illégitimes transformées avec leurs multiples rejetons en chrétiennes familles ; d'autres scandales d'un règne déplorable extirpés jusqu'au dernier : l'esprit de la jeunesse tellement amélioré et les sentiments de la vertu et de l'honneur si bien réveillés et animés, que les rixes d'autrefois, si fameuses, avaient cessé de compromettre nos intrépides jeunes hommes, et que de toutes les jeunes filles de mes cinq ou six premières communions, pas une encore dans le pays, chose rare, n'avait scandalisé sa vertu. Les catéchismes et les écoles montés et soutenus à un degré d'émulation et de progrès, qui, avec le bonheur des familles et l'édification de la paroisse, faisait l'admiration des étrangers en l'honneur de notre direction et du mérite de nos coadjuteurs, institutrices et instituteurs, qui tous, ici comme à Servières, encouragés par mes soins, rivalisaient de seconder mes efforts pour l'instruction de la jeunesse ; non-seulement en particulier dans leurs classes respectives, mais en public aux réunions de l'église, où l'on aimait à voir, dans un espace convenable, doucement débarrassé, plût à Dieu pour toujours, des places de préséance en face de la table de communion, les enfants et les élèves des diverses écoles, auparavant dérobés çà et là, venir chaque fois, suivis tant que possible de leurs devanciers, se ranger sur des bancelles de taille et de mesure sous les yeux de leurs maîtres, et donner aux assistants l'édifiant spectacle d'un double bataillon d'émules attentifs à prouver leur application et leur savoir. C'était de notoriélé publique, trop bien famée à la ronde, pour que le chef du diocèse n'eût pas eu à en bénir le Ciel avec nous.

Les autres fonctions de la charge pastorale se voyaient poussées et soutenues au même niveau. Au général : le culte divin réglé et servi ponctuellement ; le pain de la parole distribué régulièrement ; la piété excitée et dirigée prudemment, avec les modestes pratiques de cinq ou six confréries appelant, sans parler du concours des grandes fêtes à des communions plus que deux fois mensuelles, des âmes toutes de la vie active, ce que Mgr de la Brunière trouvait comme excédant; avec cela pouvaient se laisser cicatriser un peu plus les plaies des congrégations interrompues. Au particulier, les enfants étaient chéris, les vieillards protégés, les faibles soutenus, les infirmes visités, et, sans préjudice du médecin tant qu'il pouvait y avoir lieu, comme sans jalousie de pratiques, au désespoir des vampires, les malades secourus et les mourants assistés, au point que l'ingrat rancunier, en peine de me chercher des griefs, était défié de constater à ma charge un adulte mort sans pénitence, un enfant sans baptême, et cela, soyez en béni, Seigneur, depuis trente ans de services chez des populations éparses et nombreuses !

Heureux de ces insignes résultats pour le fond d'obligation et de devoir au détail et dans l'ensemble, avec tout un peuple pour témoin j'osais dire à l'inquisition, en face d'Hérode, de Pilate et de Caïphe : remontez les âges, interrogez les anciens, et vous aurez à constater en caractères visibles et durables que la paroisse d'Allenc, à l'époque où force m'a été de m'en séparer, se trouvait sous tous les rapports de moralité, de civilisation, d'éducation, de régularité chrétienne, dans le plus florissant état que du plus long souvenir on ne l'eût jamais vue.

2° Ma gestion avait-elle de quoi me faire honte,

rien ne s'était laissé détériorer. Mais que ne voyait-on pas d'amélioré ? Par rapport aux revenus de l'église, le produit des places, il était démontré par les comptes et le tableau numéroté des occupants qu'après la mauvaise foi combattue tout de bon et même dépossédée, comme à la tribune, les retardataires de quatre, de cinq ans, payant leurs arrérages, s'étaient mis au courant d'une équitable égalité, et qu'à partir de là l'exactitude allait au point que la huitaine après l'appel, sans qu'il fût besoin d'y revenir à dix prônes, tout était payé à n'y pas manquer un sou, au grand applaudissement du bon ordre.

A l'égard du casuel, accusé par Mgr de la Brunière de s'être laissé éteindre par l'égoïste popularité de tel ou tel, et que Sa Grandeur en me remettant mon titre m'avait sommé de faire revivre, en exécution de son ordonnance, lue au prône par mon prédécesseur, tous savaient assez que, par mon instante vigilance et honnêtes représentations, esquiveurs et marchandeurs étaient pliés et déjà accoutumés à en passer par le tarif, et que désormais notre casuel, tenant au bon marché mais tendant à l'honneur, marchait sans désarroi et se payait comme ailleurs ; si bien qu'à mon dernier départ d'Allenc, soit dit à la louange de cette paroisse, après une gestion décennale, il ne me restait pas dû, de ce chef, plus d'une centaine de francs, en dehors de ceux à qui, par charité, il y avait à donner et non à prendre.

Pour ce qui était de ma régie et surveillance personnelle, comme curé, comme doyen, est-ce que tout ne me faisait pas honneur? Autels, vases sacrés et autres tenus décemment; ornements et linges entretenus et renouvelés convenablement; titres, statues, registres, états conservés fidèlement et remplis exactement; procès verbaux, commissions, rapports, redditions de comptes, notes, envois, sans confusion, sans lacune, sans retard, tout n'était-il pas remarquable de soin et d'ordre, et ne me montrait-il pas à mon niveau, soit curé, soit doyen!

Quant à cette monstrueuse surcharge du matériel, édifices et immeubles paroissiaux, que le maître de ma résidence pour le temps comme pour le lieu devait de droit naturel et positif m'y faire trouver en solide et complet état de dignité et de convenance, que n'avais-je pas eu à faire? et qu'avais-je négligé?

Deux ans avant moi, qu'il y avait à remédier à une église gravement endommagée, à une sonnerie ruinée, à un presbytère passant par le trou, comme on dit. Les fonds disponibles à cet effet, après avoir été élevés au moyen de prestations à une valeur, se murmurait-il, de six mille francs, s'étaient laissé divertir à renverser écuries, décharges, greniers, et à construire à la place, sous prétexte d'agrandissement, une vicairie séparée. Cette nouvelle construction, à mon arrivée à Allenc vers la Toussaint, montée à peine au seuil du premier étage, après que l'extraction ou le transport des matériaux, avec les journées des ouvriers auvergnats appelés et renvoyés d'époque en époque, et le salaire du piqueur de quatorze ans, courant à deux francs cinquante par jour, avaient tout absorbé, se trouvait là, faute de ressources, abandonnée au milieu des murmures d'une population déconcertée et méfiante. Quel hiver dans une habitation en culbute, ouverte à tous les vents, au milieu des décombres et matériaux qui en obstruaient tous les passages, c'était à désespérer. Néanmoins avec du courage, à la faveur d'un changement et grâce au bienveillant concours d'un nouveau maire, M. Toiron Jean-Baptiste, l'œuvre trop avancée pour s'en dédire, se reprit, et la commune et la préfecture aidant, sous une direction toute désintéressée, fut menée sans interruption à fin complète avec l'addition d'une cave creusée en dessous dans le roc, de sorte que le vicaire, à dater de feu M. Stier, avait-là son gentil logement. C'était beaucoup.

Après cela, l'espace sur le derrière s'étant confectionné refermait le presbytère de ce côté, et y restituait un peu d'écurie et de grenier. Ensuite le mur de la cour fut relevé, et celui du jardin, du même côté, refait dans toute sa longueur avec un retrait de soixante-dix centimètres au plus, moindre pour l'élargissement de l'avenue vicariale ;

les brèches du cimetière furent fermées, la cloison réparée, les croix remontées, en même temps les décombres avaient disparu, les lieux étaient aplanis. Enfin, les fenêtres de l'église s'étaient reboisées; celles du presbytère aussi; la cheminée de la cuisine n'étouffait plus de fumée. Qui avait vu d'abord, et qui considérait à présent se croyait en paradis.

Il restait bien à faire sans doute. Mais si ce reste accumulé de vieux n'avait, depuis la réintégration du maire Bros, que quelque rapiécetage de loin en loin, et si le peu qui, à la fin, avait servi de prétexte à sa vengeance était gâté et bientôt à refaire, il se voyait, par les délibérations de la fabrique et même par nos oppositions, que ce n'était point faute à nous d'avoir avisé à propos et rempli les formalités; mais bien faute à l'autorité d'avoir, dans son ressort, trop présumé des flatteurs et trop abandonné à l'arbitraire.

3° *Ma conduite.* — Ici, vis-à-vis de moi-même, en demandant pardon à Dieu et aux personnes que j'aurais pu offenser, je m'abandonnais au jugement de mes confrères et des populations qui m'avaient connu. Ma vie, hélas! n'était pas celle d'un ange. Néanmoins le souvenir de mon passé, en me donnant à regretter, me laissait la douce consolation que, partout où j'avais passé, laïque ou ecclésiastique, je pourrais y reparaître sans confusion et sans peur d'être pris à la pierre, ou d'avoir des chiens à mes trousses.

Vis-à-vis de mes supérieurs eux-mêmes, il me semblait, malgré ma timidité naturelle, qu'ils n'auraient guère à me faire rougir. Il ne fallait pas qu'ils eussent reconnu de grands écarts dans ma conduite, puisque, jamais de vive voix ni par écrit, je n'avais eu de leur part le moindre reproche, pas même un avertissement. Il ne fallait pas que mon Evêque d'aujourd'hui eût été mal renseigné sur mon compte ; puisque de lui-même, et sans que j'eusse flagorné, bien sûr, ni fait importuner, il m'avait élevé au rang de ses Curés d'élite et témoigné partout estime et affection. Mais en supposant même qu'en ces temps de bourrasque quelque vilain reptile, dans sa rage de ne pouvoir me mordre, empoisonnant l'atmosphère de son souffle perfide, eût, à force d'exhalaisons, fait concevoir au souffreteux Prélat quelque prévention à ma charge, Sa Grandeur n'était pas téméraire à ce point que de me condamner sans des faits, ou avec des faits, sans m'en spécifier aucun, pour me fournir sujet, sinon de me défendre, au moins de me repentir. Encore moins était-elle assez inexorable que de me traiter comme un incorrigible, sans m'avoir au moins une fois repris. Non, ce n'était pas d'un Evêque, et le mien était trop charitable.

Non, ni ma conduite, ni ma gestion, ni mon ministère n'avaient pas des défauts qui dussent me faire exclure. Autrement combien de Curés qui n'eussent à trembler pour eux ?

Quel était donc mon péché, ce péché pour lequel je veux être jugé? Ce grand péché pour lequel je suis puni, ce fut de ne pas souscrire, comme à des articles de foi, aux décisions administratives d'un apprenti fourvoyé, et de ne pas faire aller des deux mains, en encensant Bacchus comme Appollon, les affaires de mon église et de ma fabrique au maniement exclusif de l'agence municipale. Défaut de souplesse, d'où fut conclu le fait de désobéissance, pour lequel je fus révoqué *ipso facto*. Comme si ce pouvait être une désobéissance que de se défendre honnêtement des offices de condescendance, pour ne pas manquer aux devoirs de raison et de conscience; vis-à-vis surtout d'une bassesse, qui, voulût-on, ou ne voulût-on pas se l'avouer, n'allait à rien moins qu'à déposséder, du petit au grand, non-seulement les Curés, mais les Evêques, le souverain Pontife lui-même.

Pardonnez, bienveillants lecteurs, les détails minutieux de cette longue histoire. A qui n'aura besoin, pour savoir à quoi s'en tenir, dès qu'il s'agira d'opposer au mensonge la vérité, au doute la certitude, et de m'accuser ou me défendre, me condamner ou m'absoudre, que de ressaisir le fond principal, le voici en quelques lignes.

RÉSUMÉ.

Vers la fin de 1856, les grands dominateurs de la municipalité d'Allenc, qui avaient assez paru jusque-là m'être sympathiques, et ne pouvaient se plaindre qu'il y eût eu, ni qu'il y eût dans mes procédés à leur égard de quoi brouiller les affaires, excepté de se montrer jaloux que tout ce en quoi je n'avais pas été sous leur dépendance, m'eût si bien réussi et marchât en bon ordre, ne laissèrent pas de conspirer à mon insu, au sujet de la suppression de quelques bancs improductifs de la tribune, régulièrement exécutée par la fabrique, de concert avec un précédent maire, Jean Baptiste Toiron, et d'en résoudre en assemblée, soit pour plus de popularité, soit pour plus de domination, le complet replacement par force de délibération municipale. Résolution d'autant plus irrésistible, que se trouvait là, pour servir de patron et d'avocat, le président Renouard devenu membre du conseil municipal. Ainsi voulu, ainsi ordonné, et sans autre façon, pas même un simple avis, le charpentier Jacques Fabre fut chargé d'aller remonter la tribune.

Cet ouvrier étant venu à l'improviste me parler de la commission de M. le Maire, en me demandant de sa part les matériaux déposés au presbytère, eut pour réponse de lui dire que, la fabrique ayant délibéré le contraire, je ne pouvais consentir en son nom qu'il fût passé outre sans elle, ou sans autre donnée, et que M. le Maire voulût bien se mieux entendre là-dessus.

Là-dessus rien à entendre ; mais à voir qui sera maître ; et sans plus de donnée, réclamations avec plaintes et requêtes, à la préfecture, à l'évêché, pour prévenir contre le Curé et se faire autoriser à lui passer par dessus, et à gouverner l'église sans la fabrique et malgré lui.

Confondus par les écrits, accablés par les faits les requérants n'eurent pas raison. Mais dès lors l'affront redoublant le dépit, ils s'en prirent au Curé, et, plus d'un an, s'étudièrent à imaginer des griefs, à manœuvrer des pétitions, des tricheries, des acrocs, pour le faire trouver en défaut et déchaîner contre lui les autorités.

Enfin, n'en pouvant plus, et comme désespérés que les supérieurs, sans me donner le dessus par ménagement pour l'opulence, fissent tant de difficulté, par égard pour la justice, de me mettre tout à fait sous leurs pieds, ils essayèrent par un suprême effort de terrasser les supérieurs eux-mêmes.

Le tour de force, ce fut de ne pas laisser imposer le traitement du vicaire porté en déficit dans le compte de la fabrique, revisé et ordonnancé par l'autorité diocésaine, sans que ce compte fût liquidé en conseil municipal, et que les pièces justificatives du trésorier fussent pour cela transmises à M. le Maire. Et afin de dévier le blâme de ce refus et de cette exigence, la chicane fut de travestir un avis du Conseil d'État, applicable à d'autres cas, et de le manœuvrer comme une loi d'actualité, qui ne donnait pas seulement à la municipalité ce droit de révision mais lui en faisait un devoir.

Ce fantôme de loi, malgré les efforts du Curé pour en faire contester et vérifier l'espèce, à force de s'affirmer et de s'enjoliver, éblouit les esprits, et de patron en patron, en conseil de préfecture, en conseil d'évêché, finit par captiver tous les cœurs sous le nom de vraie loi. M. le Préfet l'adopta, M. H. Vidal, grand-vicaire nouveau-né l'épousa, et par grâce d'état, ou de salon ou de bureau s'y attacha si ferme qu'il ne lui fut pas possible de le suspecter, ni d'en laisser douter personne, pas même Mgr l'Evêque, au retour de son absence. Il n'y avait que moi qu'il n'avait pas converti.

Mais, finalement, parce que sommé à l'appui de ses réquisitions, de satisfaire aux exigences de sa loi, en transmettant moi-même ou en faisant transmettre par le trésorier ses pièces justificatives à M. le maire, je ne voulus pas, n'étant point tenu d'office ni par devoir, m'y soumettre par complaisance, je fus condamné comme coupable de rébellion et frappé de cet horrible coup de canon : Si le 15 janvier au soir ce devoir n'est pas rempli, Monseigneur vous retire par le seul fait de cette désobéissance vos pouvoirs de curé d'Allenc.

C'était dire au plus net : la bourse ! ou la vie. O les assassins ! Mais qui donc ? Non pas absolument le gros Bros, père de Lagrave et son grand patron Renouard. Non ; tenant tous les deux à l'honneur, leur gloire ne se trouvait pas à me maîtriser mort, mais vivant. Il est vrai que, comme deux vilains louvats qu'un bon mâtin a mis hors d'haleine et qu'il tient acculés, s'enrageant de vengeance que je les eusse arrêtés, eux devant qui tout faisait place, ils n'avaient que trop influencé les autorités pour se faire aider à m'évincer. Mais ils n'avaient prévu, ni pu prévoir qu'on se permît de me tirer ainsi à boulet rouge. Ils ne l'auraient pas voulu ; non, ce n'est pas croyable. Je suis sûr qu'en se tordant à rire un pan de langue d'avoir ensorcelé si bien l'Evêque et l'évêché, ils ont dû regretter qu'il m'en arrivât tant de mal ; surtout s'ils ont eu lieu de craindre que ce soit en punition de leurs excès d'ingratitude, de trahison, de tricherie que la Providence leur a depuis laissé subir tant d'affronts, jusqu'à ne pouvoir mourir sans s'être châtiés l'un par l'autre. Tant mieux pour eux comme pour tout le monde, s'ils ont su en profiter. Toujours est-il qu'ils ne m'ont jamais tiré dessus, ni même menacé, ni le Préfet non plus.

C'est de l'évêché qu'est parti le coup de mort.

Ce sont mes chefs, mes protecteurs naturels et d'office, qui, trahissant leur mandat et profanant leur pouvoir, ont tourné leurs armes contre moi et brisé ma carrière ! ! !

Jusques à quand les auteurs de tant de préjudices et de chagrins pour moi, pour les miens, pour l'Eglise, y resteront-ils indifférents, comme s'ils pouvaient s'en laver les mains ? Prétendront-ils toujours, malgré l'évidence des décisions qui les ont écrasés, se faire passer pour avoir été exempts de toute injustice ; et, malgré les réclamations et supplications qui n'ont cessé de les attirer à prévenir par une compensation amiable un recours autrement éclatant, être tenus quittes de toute satisfaction ? Un peu plus de patience, bienveillants lecteurs, et l'on va voir.

DEUXIÈME PARTIE

Suite de la retraite de M. Mourgues, doyen d'Allenc.

Tant de sinistres bourrasques accompagnées de tels coups de foudre, au milieu des gémissements d'une population consternée sous l'étreinte d'un despotisme formidable, mais non moins compatissante, avaient comme renouvelé dans la paroisse d'Allenc cette affreuse époque de la Terreur, où l'on y avait vu cloches et clochers précipités du haut en bas au gré de certains fanfarons obéis par des mercenaires ! On y avait vu le Curé enlevé de sa demeure n'échapper à la prison que par le dévouement de ses intrépides paroissiens ! On y avait vu les chevaux des émissaires introduits dans le saint temple ! abreuvés au bénitier ! Que n'avait-on pas vu ? Que ne fallait-il pas voir encore ? Hélas ! depuis quelques années, chaque Curé n'accommodant pas les abus et tenant au bon ordre bientôt pris à la dent, et, pour peu que tardât son changement, contrarié de toute sorte et d'autant plus tracassé, qu'il faisait mieux son devoir et obtenait plus de succès ! Mais avait-on jamais vu, comme cette fois, un Curé déjà ancien, d'une capacité reconnue, d'un mérite éprouvé, d'une réputation intacte, estimé de son peuple, béni des parents et des enfants, vainqueur des abus et des désordres, en plein succès de ministère, cruellement assassiné par ses chefs dans son existence, dans sa dignité, dans son honneur, pour le bon plaisir d'un caprice maudit ? O Dieu ! qu'était-ce aux yeux de la religion, au simple aperçu du bon sens ? O cendres des anciens, vous en aurez frémi !

Je n'étais que victime passive. Par la grâce de Dieu, m'élevant au dessus des tracasseries et des tracassiers moins glorieux que déconsidérés, je n'avais pas à me repentir, et je défie qu'on eût eu à me reprocher d'avoir cherché à monter les esprits, ou à profiter de certaines dispositions pour faire de l'embarras. Non, pas de pétition ; pas de députation ; pas d'intervention influente ; pas de bassesse. Résigné à la volonté de Dieu, j'eus le bonheur d'y résigner tout le monde, en continuant de mon mieux à préparer les voies à mon successeur.

Un mois s'était écoulé sans qu'on eût trouvé encore qui voulût me remplacer pour la conduite d'un bon peuple, à qui je souhaitais de rencontrer bien mieux qu'il n'avait eu en moi, excepté pour l'affection et le dévouement. Le poste faisait peur, et le traitement des supérieurs à mon égard n'était pas fait pour encourager. Enfin je fus informé, non par l'ordonnateur diocésain trop égoïste pour cela, mais par la complaisance d'un laïque à portée d'en savoir, que M. Souchon, Curé de Saint-Jean-Chasorne, avait accepté, et ne tarderait pas à venir prendre possession. Alors, ayant réuni les marguilliers, je leur fis reconnaître les objets de la fabrique, qui furent confiés à la garde de M. le trésorier, et dont je reçus ma décharge, telle que j'ai aimé d'en produire ici une copie conforme.

« Nous soussignés marguillier trésorier et autres « de la fabriqne d'Allenc, reconnaissons et dé- « clarons que M. Mourgues, Curé de cette pa- « roisse, ayant donné sa démission, en se retirant « du presbytère nous a représenté et remis à « M. le trésorier : 1° le journal contenant le détail « des recettes et des dépenses de l'exercice de « 1858, d'où résulte un excédant de recettes de « 175 fr. 50 cent. et contenant aussi de suite « le détail des recettes et des dépenses de 1857, « son dernier exercice, qui se conclut par un « excédant de recettes de 95 fr. 80 cent. avec les « pièces justificatives de ce dernier, numérotées « jusqu'à onze, en y comprenant le tableau des « places de l'église avec la feuille d'autorisation

« du legs Maurin; 2° la somme de 290 fr. 18 « cent., montant des deux excédants mentionnés « ci-dessus, plus 19 francs pour dix places de « la nef, et onze de la tribune payées d'avance « pour l'exercice 1858. Plus 9 livres de cire « blanche et 5 et demie de bougies; 3° tous les « objets de l'inventaire, se ressentant de l'usage « mais tenus en parfait état. En conséquence nous « avons délivré à M. Mourgues la présente décla- « ration pour lui servir de décharge et d'acquit.
« A Allenc, le 26 janvier 1858. »

Signés à l'original : Richard, André, Maurin.

Mes effets achevèrent de se remiser dans une habitation que le brave Maurin de Laprade avait l'obligeance de me céder au quartier de l'église, et ce fut là que mon personnel eut hâte d'aller s'abriter provisoirement. En sorte qu'à l'arrivée de M. Souchon, moi absent, le 8 février 1858, on eut le presbytère libre pour le recevoir.

Bien me valut de m'être quelque peu défié. Si j'avais attendu que mon maître m'avertît de l'heure du départ, tout d'un coup je me trouvais dehors, sans feu ni lieu, au plus fort de l'hiver; doublement incommode à la situation assez critique de mon honnête et paisible remplaçant, qui n'allait avoir que trop à gémir de la mienne, obligé de me voir dans sa dépendance, exclu de tout emploi et, par la seule révocation de mon titre, rabaissé au dessous du vicaire, au dessous du sacristain ; n'étant pas même approuvé pour réconcilier un confrère ; ayant à peine, avec permission, la faculté d'un autel pour célébrer la sainte messe ; privé d'ailleurs de tout traitement, sans compensation aucune, sans la moindre indemnité ; objet de compassion pour tout le monde, excepté pour mes chefs ! O vous qui travaillez à gage soit à la ville, soit à la campagne, serviteurs et servantes si dignes d'attentions et d'égards, n'êtes-vous pas quelques fois moins à plaindre ? Vous n'êtes jamais plus dédaignés de vos maîtres.

Mes nuits étaient longues et mes jours pleins d'ennui. Quand arrivait mon journal, la *Voix de la vérité*, j'allais vite à l'article : *doit canon ;* impatient de trouver la décision du cas proposé à son conseil de jurisprudence dès le mois de septembre, et, depuis l'accident de M. l'abbé Prompsault, exposé de nouveau avec prière d'une prompte réponse. Mon désir comme mon espoir était que cette décision, trop tard venue pour empêcher l'injustice, pourrait néanmoins, maintenant qu'elle était commise, servir à la faire réparer. Or voici que, à force d'attente, en ouvrant le numéro du 6 mai 1858, je rencontrai l'exposé de mon cas, et, pour réponse, la négation totale et absolue du prétendu droit en vertu duquel notre suffisant M. Vidal Henri m'imposait l'obligation de remettre à M. le Maire les pièces de la fabrique pour la révision, en conseil municipal, du compte du trésorier revisé et approuvé par l'Évêque.

C'était beaucoup; mais pas assez pour convaincre les obstinés et tâcher à les convertir. Pour la troisième fois donc un résumé fidèle de toute cette singulière comédie alla représenter au même journal le sujet des questions et des réponses, qui se publièrent dans une certaine suite de numéros, à dater du 3 juin 1858, telles qu'il m'a été indispensable de les reproduire ici, pour la commodité de mes juges, à l'appui de ma défense et de mes réclamations.

Ire QUESTION.

(La *Voix de la vérité*, n° du 3 juin 1858.)

Un maire, qu'il se soit abstenu ou non de prendre part aux délibérations de la fabrique, par lui-même ou par son adjoint, a-t-il le droit, sous peine de ne pas faire voter le déficit du budget approuvé par l'Évêque, qu'on lui présente en même temps que le compte de l'année précédente, approuvé aussi par l'Évêque, les pièces justificatives de ce compte?

RÉPONSE (*ibid.*).

Pour cette première question nous ne pouvons que renvoyer à la *Voix de la vérité* du 6 mai dernier, où nous avons répondu qu'aucune loi n'avait investi un conseil municipal du droit de se mêler, en quoi que ce soit, des comptes de la fabrique, surtout quand ces comptes sont réguliers par l'approbation de l'autorité diocésaine qui exécute l'article 47 du décret de 1809.

Mais on prétend qu'il existe un avis du conseil d'Etat autorisant les Préfets à donner gain de cause aux conseils municipaux qui exigent des conseils de fabrique les pièces justificatives de ces comptes.

Mais, d'abord, un avis du conseil d'État ne peut être appuyé que sur un décret formel, ou sur une loi quelconque. Or, on ne peut citer aucun article de loi ou décret qui donne ce droit de révision au conseil municipal des comptes de la fabrique. C'est l'Evêque que la loi a investi du droit d'approbation ou de désapprobation. L'avis du conseil d'État, s'il existait, est donc illégal et nul par cela même.

Nous concevons à un point de vue spécial, toutefois sans l'approuver, un avis dans le sens invoqué. Le conseil d'État aura fait abstraction de l'approbation de l'Evêque. On n'aura vu qu'un conseil qui demande à un autre conseil de venir à son aide ; et il paraît assez rationnel que celui qui accorde des fonds sache si celui qui les réclame n'a pas fait des dépenses superflues. Mais les jurisconsultes savent qu'en législation positive, onéreuse surtout, il s'agit du droit strict et non de raisonnements.

Il y a une chose légalement certaine, c'est que le conseil de fabrique, même quand l'Évêque n'aurait pas encore approuvé les décisions, ne dépend nullement des conseils municipaux pour les comptes, ni pour tout autre objet de délibération. L'Evêque seul est le supérieur hiérarchique pour les décisions.

Le Maire a qualité dans le conseil de fabrique, dont il est membre-né, pour exiger, comme les autres membres et avant son vote, les pièces justificatives. S'il y avait là refus, en telle occasion, le Maire n'a qu'un recours, se plaindre à l'Evêque, ou, s'il le veut, au Préfet, qui parlera à l'Evêque. Voilà la part directe que le Maire a reçue de la loi pour sauvegarder les intérêts de la commune. C'est au Préfet ensuite et à l'Evêque de faire leur devoir. Le Maire n'est plus responsable.

Quant au conseil municipal, s'il croit que le Maire, dans le conseil de fabrique, n'a pas suffisamment défendu les droits de la commune, il peut adresser une plainte au Préfet par délibération *ad hoc*. Là se borne sa mission et sa part indirecte dans les affaires de la fabrique.

Quoi qu'il en soit, l'avis du conseil d'Etat qu'on invoque ici, pour exiger les pièces justificatives de la fabrique, n'a certainement pas été donné dans la prévision de l'approbation épiscopale, qui seule rend les comptes réguliers et exempts par là même de toute censure du conseil municipal, qui, bien loin d'être une cour d'appel de qui l'Evêque soit justiciable, n'est pas même un tribunal de première instance, ou de simple police, dans la dépendance duquel serait le conseil de fabrique.

IIe QUESTION *(ibid.)*.

Un Evêque peut-il exiger du Curé de telles pièces justificatives, quand même le Curé aurait suppléé le trésorier dans une gestion dont celui-ci est incapable, et serait-il permis à l'Evêque d'user de son autorité spirituelle pour contraindre ce Curé à servir une exigence purement matérielle et civile.

RÉPONSE *(ibid.)*.

A la deuxième question il faut répondre qu'un Evêque, avant d'approuver les comptes d'une fabrique, a le droit et quelquefois le devoir d'exiger, soit du trésorier, soit du Curé, les pièces justificatives qui sont entre leurs mains, et il lui serait peut-être permis d'user de son autorité spirituelle et juridique pour contraindre un Curé qui mettrait du mauvais vouloir dans le refus des pièces justificatives en telle occasion.

L'Evêque est responsable devant Dieu et devant la loi de la gestion de la fabrique, dont il est, légalement parlant, le suprême administrateur. Les biens de l'Eglise sont chose sacrée, qu'il doit protéger même avec les armes spirituelles. Voilà les droits de l'Evêque à l'égard de la bonne ou mauvaise gestion des conseils de fabrique. (Droits qui ont été plus que reconnus par l'exposant. N°s 12. et 18.)

Mais si ce prélat, comme au présent cas, après avoir approuvé les comptes et le budget qui en est souvent la conséquence, abdique son autorité en se soumettant aux exigences d'un pouvoir incompétent qui veut illégalement les réviser, il faut gémir!... L'amour de la paix ne va pas jusqu'à oublier l'autorité episcopale! ... jusqu'à fouler aux pieds les droits de l'Eglise et les devoirs de la charge pastorale!... *RENDU, doyen d'Airaines.*

L'exposé portait : Le Curé, pressé par l'autorité épiscopale de remettre à M. le Maire les pièces justificatives du compte approuvé du trésorier, persistant respectueusement de s'en défendre, a été frappé de cet anathème : *Si le 15 janvier au soir ce devoir n'est pas rempli, Monseigneur vous retire, par le seul fait de cette désobéissance, vos pouvoirs de Curé d'Allenc!* .. La question a été radoucie, pour que la réponse pût l'être. De gémir, est-ce à l'Evêque, assez pour être quitte des préjudices ?

IIIe QUESTION.

Est-il tolérable dans un préfet de prêter son crédit à un arbitraire passionné et de le faire valoir pour déterminer un Evêque à sacrifier l'honneur et à compromettre l'existence d'un prêtre d'ailleurs irréprochable et fidèle à ses devoirs?

RÉPONSE (N° du 5 juin 1858.)

Faire une pareille question c'est la résoudre. La réponse est et doit être négative. Il n'y a rien qui concerne le droit canon ou le droit civil. C'est une question de fait... Cette conduite du Préfet n'est pas tolérable. Il exerce une pression morale à l'égard de l'Évêque, et une pression physique à l'égard du curé, que rien ne peut justifier. C'est un abus de pouvoir déplorable, dont le souverain doit être instruit. N° du 20 mai.

Perdu, *Chanoine d'Airaines.*

IVe QUESTION.

Ce curé aurait-il quelque sûr recours et quelque moyen solide, lui, succursaliste amovible, sans doute, quoique doyen, d'obtenir sa réintégration ou du moins une honnête compensation ?

RÉPONSES DU 7 ET DU 11 JUIN.

« MONSIEUR ET CHER CONFRÈRE,

« J'ai lu avec une douloureuse sympathie votre consultation du 6 mai. Vous demandez en son lieu s'il n'y aurait quelque sûr recours et quelque moyen solide pour vous, Monsieur, quoique succursaliste, d'obtenir votre réintégration... Je répondrais négativement si votre démission avait été libre, spontanée. Mais comme elle vous a été évidemment imposée, je crois pouvoir vous affirmer qu'il en existe un recours canonique.

« Quoique moi-même j'aie prouvé dans cette feuille, la *Voix de la vérité*, que les Evêques ont eu le droit, tant par leur pouvoir ordinaire que par la juridiction apostolique, de rendre les desservants révocables à leur gré, ce droit a cependant ses limites, ses exceptions, qui sont, d'après le torrent des docteurs : 1° S'il est prouvé que l'esprit d'animation n'a pas été étranger à la révocation. Alors, dit Pignatelli, alors l'Evêque doit se justifier en manifestant la cause légitime qui l'a motivée, sans quoi le juge d'appel prononce la réintégration de l'amovible. 2° Le bien de la paroisse qui a intérêt à conserver un curé qui lui convient beaucoup. 3° Un préjudice grave que le recteur amovible subit dans son honneur ou dans ses biens par le fait de sa destitution, ou de sa démission forcée. Tels sont les principaux cas exceptionnels qui motivent la réintégration, d'après le cardinal de Lucas, Gonzalès, Lagnon, Innocent III, Andréas, Bellamare, Imola, Geminiano, de Vitallinis, Geraldi si estimé, Pignatelli déjà cité, etc. Consultez aussi Le Bouix, *de Parocho*, et les *Annales du droit pontifical*, page 1699. Les auteurs les plus favorables au droit de révocation recommandent de sauvegarder avec soin l'honneur du prêtre qui en fait l'objet. Pas un qui n'adresse aux dépositaires de ce pouvoir l'avertissement que de fait ils ne doivent pas en faire usage sans une cause légitime.

« Si, comme tout l'annonce, vous avez été victime de votre zèle à défendre les droits de l'Eglise et l'honneur de l'administration de votre diocèse, il est un tribunal sérieux où vous pouvez en toute sûreté porter votre cause : il est, non à Berlin, mais à Rome, un juge suprême et incorruptible, qui rend ses arrêts, non selon l'acception des personnes, mais dans l'équité même, qui donnera une prompte satisfaction à vos griefs. Je suis heureux de pouvoir vous citer un cas analogue à celui où vous vous trouvez.

« Le prêtre Philippe G..., curé de Saint-Nicolas, diocèse de Messine (Sicile), fut révoqué de ses fonctions vers la fin de 1849, par ordre de son Evêque, que la malveillance avait trompé sur son compte. Cet ecclésiastique porta ses plaintes à la sainte

Congrégation des conciles de l'expulsion injuste et irrégulière dont il avait été victime. Le secrétaire de cet auguste corps demanda au chef du diocèse, sur l'appelant, des renseignements qui, comme on le pense bien, lui furent défavorables. Mais le curé prouva que les accusations de son supérieur hiérarchique étaient sans fondement. Voici la décision des éminentissimes cardinaux qui composaient la Congrégation :

« *An sustineatur privatio beneficii parochialis? Seu potius sit locus reintegrationi in casu?*

« *Sacra congregatio censuit negative ad primam partem, affirmative ad secundam. Die 8. Martii 1854.*

« Ainsi, vous le voyez, Monsieur le Curé, nous sommes sûrs de trouver, dans les congrégations romaines, des Salomons, des Daniels, qui jugent non selon l'apparence, mais selon la justice (J., c. VII, v. 24.), comme le Fils de Dieu dont le vicaire les a revêtus de son autorité. Et pourtant le gallicanisme avait mis au nombre de nos libertés l'exemption de ces tribunaux. Nous avons appris à nos dépens qu'elles ne sont que des servitudes.

« Veuillez agréer, Monsieur le Curé, ces lignes écrites avec précipitation, ainsi que l'expression bien sincère de mon fraternel dévouement. Un abonné. Au N° du 29 juin. L'abbé Billiard. »

SUITE A LA MÊME RÉPONSE.

(N° du 19 juin 1858.)

« Nous sera-t-il permis d'ajouter quelques principes aux excellentes solutions données par un anonyme, dans la *Voix de la vérité* du 11 juin, relativement à la révocation d'un desservant? Eclairons-nous mutuellement dans des questions aussi vitales, et tâchons, par un attachement profond aux saintes lois de l'Eglise, aux doctrines et aux volontés du Siége Apostolique, d'améliorer la position que nous ont faite et le gallicanisme et les articles contre lesquels Pie VII a protesté solennellement! Revenons avec ardeur aux belles études canoniques où tout est prévu par la sagesse de l'Eglise. Les *Ateliers catholiques* offrent déjà aux prêtres studieux le *Droit* de Gratien, et le dictionnaire de notre homonyme.... Nous nous hâtons de revenir à notre objet.

« Nous lisons dans le décret, *causa 1°. quæst. 4.* que le Pape Léon IV condamne un Evêque *quod sine justo legis tramite præsbytero suo fuisset ablata ecclesia.* Du reste tous les commentateurs s'accordent à reconnaître que dans une condamnation même juste, à moins qu'il n'y eût *enormitas delicti,* le prêtre est suspendu seulement *ab officio* et non à *beneficio.* Un canoniste dit à ce sujet: *Non est privandus beneficio, nisi secundum or-*

dinem juris (Caus. II. quæst. IV, *cap. 5.)* Un autre dit avec raison que, pour que le prêtre soit condamné, *non sufficit quòd soli episcopo sit suspectus.* Nous pourrions apporter d'autres témoignages, mais tout cela n'est que la conséquence de la question préliminaire et fondamentale que voici :

« Quelles sont les lois de l'Eglise dans la procédure contre un prêtre et quelles sont les formalités à suivre sous peine de nullité de la condamnation ? Pour peu que le besoin s'en fasse sentir et que ce besoin nous soit exprimé, nous traiterons à fond cette importante matière. On y verra de nouveau que les saintes lois de l'Eglise et la procédure canonique sont la sauvegarde la plus sûre de l'innocence, de la dignité et de la tranquillité du prêtre. Il fut un temps où la poste apportait, sans autre formalité, un interdit à un pasteur, souvent victime innocente de quelques misérables cancans. Ce temps, quoique bien rapproché de nous, n'est plus. Nos Evêques, aujourd'hui beaucoup plus unis au Saint-Siége, ne veulent user de leur pouvoir judiciaire vis-à-vis de leurs prêtres que selon les lois et les formes canoniques. *(Utinam verum !)*

« En attendant, nous croyons devoir faire connaître au digne confrère, dont la consultation lui a valu tant de sympathies, la forme de l'appel au Saint-Siége, consignée dans le décret canonique lui-même.

« *Ego N... Sancti N... ecclesiæ vulgò N... mi-*

nister, licet indignus, sentiens me prægravari a domino N... Sanctæ ecclesiæ N... episcopo, contrà ejus sententiam injuste in me latam die tertio kalendas junii anno D. 1858, Romanam sedem appello et apostolos peto.

« Le prélat, auquel on doit nécessairement donner connaissance de l'appel, est obligé de condescendre à la demande formulée par ces deux mots : *apostolos peto.* On appelle *apostoli,* en langue canonique, le libel d'appel que doit délivrer le juge de la sentence duquel on en appelle. *Hæc est forma apostolorum :*

Ego sanctæ ecclesiæ N... episcopus te præsbyterum N... parochum, aut capellanum Sancti N... ecclesiæ vulgo N... ad Apostolicam sedem quam apellasti ab observatione mei judicii his apos tolis dimitto.

« On adresse ensuite à Rome, à une personne sûre et versée dans les affaires, ces deux pièces avec les documents propres à procurer l'innocence de l'appelant. On voit que par là on sauvegarde le respect que l'on doit au juge de première instance, qui peut avoir été induit en erreur; que l'on augmente l'union avec le Saint-Siége, et que l'innocence du prêtre a toujours l'espoir certain de triompher des méchants ou de la faiblesse.

« J.-F. ANDRÉ,

« *Curé de Vaucluse,*

« *Docteur en droit canonique.* »

Que n'avait-il pas voulu notre M. Vidal Henri, au lieu de tant s'engouer de son autorité épiscopale et de prétendre me mener comme un novice radoteur, en me taxant d'inconséquent et rebelle à mon Evêque, lui, encore vicaire l'an passé comme tant d'autres, depuis quelques mois secrétaire de l'évêché et grand-vicaire d'hier, que n'avait-il pas voulu se défier de son inexpérience et de l'entourage qui le séduisait, et, ne fût-ce que par modestie et condescendance à mes souhaits, recourir à un conseil désintéressé comme celui-ci, et d'une capacité autrement éprouvée que la nôtre? Sans doute la fougue de son omnipotence se serait au moins ralentie, et je n'aurais pas payé si cher son glorieux apprentissage.

Désormais il faudrait qu'il fût plus que de mauvaise foi, si des décisions claires et motivées comme celles qu'on vient de lire, et qu'il n'a pu ignorer, ne l'ont pas forcé de s'avouer à lui-même et de convenir qu'il a commis en cette occasion erreur sur erreur, et, d'après lui et avec lui, Mgr l'Evêque et tous ceux de son conseil. Oui, ils ont tous fait erreur en me faisant une loi de ce qui était tout le contraire de la loi ; double erreur, en me faisant de mon refus d'exécuter leur fausse loi, de laquelle, eût-ce été une vraie loi, je n'étais pas sujet, un crime capital de désobéissance; triple erreur, en me dégradant pour le seul fait de cette désobéissance, laquelle, eût-elle eu l'air d'en être une, dans les bonnes intentions où ils me voyaient, n'était que louable et méritante. Erreur si l'on veut excusable dans des hommes même de cette qualité, les plus sages y étant sujet : *errare humanum est ;* mais ici d'autant moins innocente de culpabilité, et par conséquent d'injustice, que l'opposant, avait plus énergiquement et par des motifs plus touchants, fait sentir à ces messieurs le besoin qu'ils avaient de mieux s'éclairer en matière si grave.

Quoi qu'il en soit, tandis que tout est demeuré dans le secret de l'incertain, la présomption étant en faveur des supérieurs, ils ont pu, en dissimulant, se faire passer peut-être pour irréprochables : mais à présent que tout est dévoilé et mis en évidence, si, bien loin de se départir de l'erreur, ils affectaient d'y persister et qu'au lieu d'en réparer les cruels ravages ils refusassent d'en arrêter le cours, alors ne seraient-ils pas plus qu'impardonnables ? alors le cri de la justice ne se joindrait-il pas au cri de la charité et de l'humanité, pour obliger encore plus un Evêque que tout autre à une satisfaction même surabondante ?

Dans mon vif et long désir que Monseigneur daignât enfin ouvrir les yeux sur l'injustice dont je souffrais de plus en plus, aussitôt qu'eurent paru les documents ci-dessus reproduits, bien que certain que Sa Grandeur n'en pouvait guère ignorer, tant de feuilles les ayant publiés et tant de langues répétés, je me hâtai d'appeler là-dessus ses religieuses et paternelles attentions, en cette manière.

« Chateauneuf-de-Randon, 5 juillet 1858.

« Monseigneur,

« En vous assurant de ma participation à la joie publique pour votre heureux retour de Rome, et de tous mes souhaits pour la cessation des douleurs qui vous ont fait souffrir, je me permets, dans l'intérêt du bien commun et du mien propre, de réveiller et d'invoquer votre sollicitude pastorale, à l'égard des événements qui me concernent, et qui me semblent propres à vous intéresser de mieux en mieux en ma faveur.

« La déplorable intrigue de mutuelle complaisance et de flatteuse politique dont Votre Grandeur se trouva circonvenue, et au caprice de laquelle se laissa fléchir votre bienveillante inspiration de ne pas consentir à l'injuste sacrifice de la réputation et de l'existence d'un prêtre fidèle aux droits de l'Eglise, cette intrigue, Monseigneur, au lieu de faire trouver à l'autorité épiscopale dans ce politique dénoûment, de quoi donner quelque relief à son action dans le diocèse, n'a servi, comme c'était prévu, qu'à déparer sa dignité, non-seulement dans ce diocèse, mais dans tous les lieux où se répand la connaissance d'un tel fait. Dès l'abord dans nos contrées (vainement l'adulation voudrait le dissimuler à Sa Grandeur) et bientôt dans le voisinage, à la ville comme à la campagne, tout le monde en a gémi, ecclésiastiques et laïques.

« De là pour moi, Monseigneur, cette fatale conséquence que pour s'expliquer un traitement si incroyable, qui sait combien ont supposé et supposeront, dans l'innocent qui l'a subi et qui continue d'en souffrir, qui sait quels griefs de la plus haute gravité, jusqu'à ce que la réalité des faits soit mise en évidence par la publicité et, le faudra-t-il peut-être, par l'émissiom authentique de tous nos débats.

« Déjà quelque chose de fort semblable à notre comédie d'Allenc ayant paru dans le journal, la *Voix de la vérité,* a donné lieu d'en adresser un exposé fidèle au rédacteur de cette feuille, qui a bien voulu reprendre la matière et la traiter plus à fond et en entier. En sorte que dans une série de numéros, à dater du 6 mai jusqu'au 19 juin et au delà, un article de droit canon fait ressortir ce qu'il y a eu d'illégal et d'injurieux dans cet acte oppressif d'administration.

« Une telle appréciation, hormis qu'il y soit objecté pour la faire amender, pourra bien peut-être quelque chose pour suspendre le cours de la diffamation ; mais quant aux effets produits, quant aux préjudices permanents des droits violés, c'est de votre bonté toute seule, Monseigneur, que m'en peut arriver la juste réparation. C'est en ce moment où la vacance d'un canonicat vous en présente l'occasion et peut vous en ouvrir le moyen, que j'ose, au nom du sacerdoce, au nom de la sainte Eglise, la réclamer et l'espérer de votre cœur de père ; n'ayant rien perdu, ni ne voulant rien perdre de la haute estime que j'ai conçue de vos mérites personnels, ni du profond respect que je professe pour Votre Grandeur et avec lequel jai l'honneur d'être, Monseigneur, votre très-humble serviteur.

« Mourgues,

« *Curé d'Allenc* (*canoniquement*)
« *provisoirement à Arzenc-de-Randon*
« (Lozère). »

La réponse fut celle-ci :

« Mende, 7 juillet 1858.

« Mon Cher Monsieur Mourgues,

« Je vous remercie bien de l'intérêt affectueux que vous voulez bien me témoigner au sujet de mon retour et de ce qui l'a retardé ; et j'en suis d'autant plus touché que je me suis vu récemment dans la pénible nécessité de vous faire de la peine, ce qui m'a été assurément bien pénible à moi-même. Veuillez croire aussi que je serais très-heureux de pouvoir vous donner autant de satisfaction que je vous ai causé de peine, bien malgré moi, je vous assure. Mais, permettez-moi que je vous le dise, la manière dont vous demandez ce que vous envisagez comme un dédommagement, et que vous semblez réclamer comme une réparation, est elle-même un obstacle de plus à l'accomplissement de vos vœux.

« Vous paraissez dire que j'ai cédé indûment à la pression de l'autorité civile, ce qui n'est pas exact. Armée d'une législation qu'il ne m'est pas donné de changer, elle a demandé ce que nous ne pouvions refuser sans occasionner de plus grands maux. Vous l'avez refusé jusqu'à la fin rendant par là impossible le traitement de M. le Vicaire. C'est donc vous-même et vous seul qui avez rendu nécessaire la démission, que vous avez été mis sur la voie de donner, et que vous avez donnée.

« En sorte que je ne puis comprendre comment, sans tenir aucun compte des dispositions de l'autorité épiscopale, vous prenez un titre qu'elle peut révoquer, et qu'elle a en effet transféré à l'un de vos confrères. Vous comprenez bien que ce n'est pas en aggravant des torts déjà trop réels que vous pouvez acquérir des droits à une position qui est la récompense de toutes les vertus sacerdotales et, en particulier, de la docilité et de l'obéissance.

« Tout mon regret, c'est que le seul dédommagement que je puisse vous offrir, ne soit pas encore donné, et j'écris de nouveau pour rappeler une demande qui date déjà de plusieurs mois. Il ne tiendra pas à moi que votre pension soit bientôt liquidée, et vous me trouverez toujours disposé à faire pour vous tout ce qui me sera possible. Ce que vous demandez en ce moment ne l'est réellement pas, après tout ce qui s'est passé, je vous prie de le croire.

« Je vous renouvelle, mon cher monsieur Mourgues, la sincère assurance de mes sentiments affectueux.

« † J.-A.-M., *Evêque de Mende.* »

Plus l'erreur de l'autorité sur la législation se dévoilait partout, moins à l'évêché on voulait s'en accuser; que j'eusse eu raison de réclamer contre le mal qui en résultait pour moi, ce n'était qu'un obstacle de plus à obtenir réparation. Aucune faveur n'était même possible après ce qui s'était passé. Mais quoi donc? Ah! de journal en journal, de Paris en Province, de cercle en cercle, une administration comme la nôtre passait pour un gouvernement d'enfants, d'aventuriers, de politiques, de poltrons, à l'occasion du fait dont je me plaignais! C'était bien cuisant. Mais à qui la faute? Ma bonne foi me tenant lieu d'excuse, je réclamai de plus fort.

« Arzenc-de-Randon, 13 juillet 1858.

« Monseigneur,

« Si peu supportable que vous ait paru ma manière de réclamer pour les atteintes portées à mon existence et à ma réputation, qu'il n'appartient qu'à vous seul de rétablir d'une manière digne de votre bonté de père, je supplie votre charité de supporter encore cette autre manière dont je me permets de protester contre l'inculpation d'indocilité et de désobéissance dont voudrait vainement se faire un motif de justification le coup administratif qui m'a frappé si rudement et si indûment.

« Non, Monseigneur, je n'étais coupable ni d'indocilité ni de désobéissance ; pas plus que le brave soldat qui ne se rendrait pas à l'ordre forcené de livrer armes et munitions à l'ennemi de la patrie ; pas plus que le fidèle Thomas de Cantorbéry, quand non-seulement il se refusa, mais s'opposa même ouvertement au souverain Henri (c'était un séculier) qui, par ménagement pour les demi-dieux du royaume, les seigneurs, voulait contraindre les Evêques de laisser libre cours à certaines coutumes contraires aux droits de l'Eglise.

« Non, Monseigneur, pas plus de loin que de près je n'ai été coupable d'indocilité, ni de désobéissance, ni d'aucun grief de haute gravité, tel qu'en pourrait faire supposer le sort qui m'est fait. Vis-à-vis d'exigences systématiques et arbitraires, ce que j'ai refusé jusqu'à la fin, ne le devant à personne, je ne pouvais le céder qu'en trahissant les droits de l'Eglise, et en participant à une défaillance dont personne, non plus que moi, ne pouvait croire capable notre administration ecclésiastique, excepté peut-être les intrigants qui, avouant leur impuissance sur la fermeté du curé, se vantaient de tenir l'Evêque. A la fin même et quand il m'en coûtait tant, j'ai cru devoir le refuser, non pas à mon Evêque, à qui dès l'abord et de moi-même, je l'avais offert, à qui, même en dernier lieu, malgré le dédit de M. Henri Vidal, j'avais transmis le tout des pièces justificatives ; mais à des incompétents qui n'y avaient aucun droit et pouvaient les tourner à abus.

« Leur admettre ou leur céder un tel droit, c'était une bassesse indigne de mon caractère, indigne de mes confrères, indigne de mes chefs. On avait beau biaiser, tourner et retourner, ma conviction était que de me demander ce qui m'était demandé, s'il m'était demandé en exécution d'un semblant de loi qui n'existait pas, c'était me demander le ridicule, l'impossible; ou s'il m'était demandé en exécution de la loi réellement en vigueur, c'était me demander le plus absurde, le contraire de ce que la loi portait, la transgression de la loi; qu'en conséquence dans l'un comme dans l'autre cas l'exigence n'étant de droit ni de raison, de ne pas y complaire n'était ni indocilité ni désobéissance. *Rationabile obsequium*, a dit saint Paul.

« Et telle est, Monseigneur, la décision qui n'a pas craint de se proclamer et de se publier par la voix de la presse (voir la *Voix de la Vérité*, 6 et 20 mai, 3, 5, 7, 9, 11, 19, 29 juin et autres de l'an 1858); décision qui, discernant les droits de tous, Maire, Conseil municipal, Préfet, Evêque. prononce à qui il appartient son tort et sa culpabilité ; décision qui, hors d'appel et de réfutation, démontre évidemment que ce n'est pas de moi seul, ni de moi aucunement, ni non plus de la législation soit civile , soit ecclésiastique, mais c'est de l'on ne peut se figurer quel fantasque concert de courtisanerie et de politique humaine qu'est sortie la cause des atteintes portées si injustement à mon existence et à ma réputation.

« Que si après cela il pouvait convenir à Sa Grandeur de réparer le tout, en me relevant par la faveur d'un titre même plus honorifique, il n'y aurait en cela rien que de satisfaisant pour l'opinion publique, rien que de conforme à l'équité et même au droit canon, selon lequel ma démission, telle qu'elle a eu lieu, et la révocation de mon titre, telle qu'elle s'est amenée, peut-être n'empêcherait pas que la qualité de curé d'Allenc ne pût encore me convenir. (*Voix de la Vérité*, les 11 et 19 juin.)

« Malgré que le droit incontestable du soin et

de la défense de mon honneur et de ma réputation puisse m'excuser quelque peu, je sens, Monseigneur, que mes réclames, tant dans le fond que dans la forme, vous peuvent devenir déplaisantes et importunes. Aussi est-ce pourquoi j'ai invoqué et j'invoque de plus fort les égards de votre charité, en vous suppliant de ne point suspecter les sentiments d'obéissance et de profond respect avec lesquels j'ai l'honneur d'être, Monseigneur, de Votre Grandeur le très-humble serviteur.

« MOURGUES, *le doyen.* »

Elle était plus qu'ineffaçable l'évidence de la prévarication, et elle ne pouvait que picoter le remords du préjudice dont je me plaignais. Une réparation était de rigueur : restitution ou donation. Oui, en général, mais en particulier pour un Evêque, si c'était son avis *ex informatâ conscientiâ*, et plus encore celui de son vaillant actionnaire, et enfin celui de son révérend Conseil, que ce serait trop abaisser la dignité épiscopale, peut-être la damner, que de laisser seulement soupçonner qu'on n'avait pas bien fait, à plus forte raison de faire voir, par une réparation quelconque, qu'on avait mal fait; n'était-il pas permis en vue d'un tel danger de fermer les yeux et de faire semblant de ne point voir plutôt que de se déjuger, et, plutôt que de s'exécuter, temporiser jusques à prescription, s'il se pouvait ? L'été se passa donc, l'automne aussi, les occasions et les faveurs se succédant, mais quant à moi me laissant toujours au même point, excepté pourtant qu'il m'était annoncé une pension annuelle de quatre cents francs due à la munificence de notre bon Empereur.

« Dans ma ferme opinion qu'avec cela Monseigneur ne pouvait pas se tenir quitte, au bout de quelques mois j'adressai à sa délicatesse cet autre présent appel :

« Langogne, 1er décembre 1858.

« MONSEIGNEUR,

« Sur le tableau statistique des paroisses et du clergé du diocèse de Mende, inséré dans le bref de 1858, figure jusqu'ici en première vue : Allenc, doyenné : Mourgues, Curé † doyen. Encore un petit mois et va se produire chez nous et au loin un nouvel et différent tableau. De me donner en spectacle, sur cet autre tableau, hors de tout rang comme un reclus, un réprouvé, dépouillé de mon titre et de mon grade, sans signe d'aucune compensation, il ne sera pas indigne, Monseigneur, de l'équité, non plus que de la charité de votre sagesse de convenir que ce serait cruellement renouveler et par trop élargir l'affreuse blessure du déplorable coup qui vint fondre sur moi, il y aura bientôt un an, pour immoler mon existence et ma réputation au gré d'une passion de mutinerie, ou bien peut-être à la fantaisie trop affidée d'un système arbitraire *non moins* pédantesque que bizarre.

« C'était à moi de redouter ce surcroît de douleur et de flétrissure. A vous, Monseigneur, il appartiendra de me l'épargner, en donnant, non-seulement à moi, mais au public, par quelque marque de distinction qui me soit suffisamment avantageuse et honorable, une preuve de fait que je suis un de ceux qui vous sont quelque chose selon l'esprit. C'est selon l'esprit que je tiens, comme il est permis d'y tenir, à la gloire de mon ministère et à l'honneur de mon nom plus que sexagénaire. Puissent les atteintes dont il a été injustement circonvenu être pleinement réparées par le bienfait de Votre Grandeur! Puisse mon cœur être ainsi délivré d'un souci qui l'absorbe et l'épuise bien autrement que celui d'une existence passagère, à laquelle pourtant, quelque restreinte qu'on la veuille, serait bien loin de suffire, avec quelques rétributions de messes, la modique pension qui m'a été décernée après trente-huit ans de bons services; laquelle, toutefois, pourrait bien être doublée par les soins de Sa Grandeur, qui me flattait d'abord, en témoignage de condoléance, d'un apanage si gros et gras!

« Quoi qu'il en soit, pour un sentiment généreux c'est un moindre avantage de vivre grassement que de pouvoir exister honorablement. Et c'est ici, Monseigneur, ce que je réclame surtout et veux réclamer jusqu'à la fin. Heureux si pour l'obtenir il me suffit de cet autre appel, que j'ose réitérer à la haute bienveillance dont je crois avoir eu bonne promesse et dont j'espère la loyale réalisation ; en vous suppliant, Monseigneur, de ne pas suspecter l'hommage du profond respect avec lequel je suis de Votre Grandeur le très-humble serviteur.

« MOURGUES,

« *sur la statistique actuelle*
« *Curé doyen d'Allenc.* »

Suivit de près cette réponse :

« Mende, 2 décembre 1858.

« MON CHER MONSIEUR MOURGUES,

« Je voudrais bien sincèrement vous offrir le petit dédommagement que vous me demandez, quoiqu'il ne soit guère d'usage de le demander (1), mais j'ai le regret de vous dire que vous n'êtes pas tout-à-fait dans les conditions voulues. C'est presque toujours l'opinion du clergé et, en parti-

(1) C'était, à mon insu, un autre canonicat vacant, destiné au plus puissant curé du diocèse.

culier, du chapitre, opinion que je connais sans la consulter expressément, qui me guide dans ces sortes de choix; et votre longue résistance aux vœux, pour ne pas dire aux ordres de l'autorité, est trop connue. Mais tout ce que je pourrai faire convenablement pour adoucir votre position, je le ferai avec bonheur.

« Quant à la pension, nous sommes encore trop près du moment où elle a été accordée. Veuillez, l'an prochain, à peu près à pareille époque me rappeler votre demande. Quant à la quotité de la pension, vous vous trompez bien si vous pensez qu'il ne tiendrait qu'à moi qu'elle fût de 800 fr. Je puis vous assurer que le chiffre le plus élevé que nous ayons pu obtenir, même pour des prêtres infirmes qui ne peuvent célébrer, c'est 500 fr.

« Il est regrettable que vous n'ayez pas fait régulièrement vos versements annuels pour l'ancienne caisse diocésaine. Nous avons des notes d'après lesquelles il y a eu bien des lacunes. Pourriez-vous les combler au moins en partie? Envoyez-moi, je vous prie, les notes que vous avez là-dessus. Je voudrais, s'il se pouvait, garantir vos droits et les élever s'il était possible. Aidez-nous, s'il vous plaît, conformément à ce qui a été dit dans la note qui provoque la déclaration consciencieuse des versements (2).

(2) Le secrétaire-caissier était parti en faillite.

« Je vous renouvelle, mon cher Monsieur Mourgues, l'assurance de mon sincère attachement.

« † J.-A.-M., *Evêque de Mende.*»

Si l'illusion n'était plus possible, la dissimulation l'était toujours, ainsi que le reproche de trop longue résistance aux vœux, pour ne pas dire aux ordres de l'autorité, qu'elle n'avouait pas avoir été déplacés et déraisonnables.

Je me permis d'insister en faveur de la vérité et de la justice.

« Langogne, 6 décembre 1858.

« MONSEIGNEUR,

« J'ai fourni mon contingent à l'ancienne caisse diocésaine, régulièrement et sans interruption, depuis l'établissement de cette caisse en 1834 jusques y compris, ou non peut-être, le versement de 1854, époque où je me vis obligé d'interrompre, d'abord par le coût de la pension et des fournitures d'un neveu séminariste, ensuite par la cherté croissante qui m'aggravait les frais de représentation dans mon office de doyen succursaliste : office mal acquitté sans doute, Monseigneur, mais aussi comment récompensé ? Un peu d'égard, Monseigneur, un peu d'égard !

« Par dessus tout, réparation et protection pour mon honneur. Fût-elle des plus remarquables et des plus honorables la faveur par laquelle il y serait pourvu, ni la dignité des convenances, ni la gloire du clergé, même dans les plus hauts rangs, ne saurait y faire obstacle. Il n'y aurait qu'à applaudir tout le clergé tant cathédral que paroissial, le clergé me devant toutes ses sympathies pour la déplorable issue de mon dévouement à une cause qui est la sienne. Aucun de ceux qui auront bien connu ce qui doit s'appeler, non point, par un nom de sauve-apparence, ma longue résistance à l'autorité, mais, d'un nom de bonne foi comme de réalité, mon inébranlable fermeté à ne pas devenir complice d'un envahissement injurieux et tyrannique des droits de l'Eglise, en même temps que des miens; ce qui, en extrême ressource, pourrait se démontrer par la publication des lettres autographes d'une exacte et mutuelle correspondance; aucun, dis-je, n'y aura découvert et n'y découvrira le moindre péché de malice formelle, ni même une telle faute politique, pour laquelle il soit juste, il soit décent que j'aie été opprimé et que je languisse sous le poids de la peine et de l'ignominie d'un malfaiteur.

« Ce qui doit se trouver juste, ce qui doit paraître décent et digne d'une administration intègre, c'est que je sois incessamment relevé et amplement dédommagé, et que, par dessus tout, il soit avantageusement pourvu à l'honneur de mon caractère et à la sauvegarde de ma réputation.

« Je suis avec respect, Monseigneur, de Votre Grandeur le très-humble serviteur.

« MOURGUES,

« *Sur l'actuelle statistique Curé doyen d'Allenc.* »

« Mes réclamations n'y faisaient rien. Plutôt que d'avoir l'air de passer condamnation, l'autorité avait décidé de me faire digérer tout l'affront de telles avanies. La nouvelle statistique se publia, et au lieu de me trouver en première ligne Curé doyen, on eut à me chercher au nécrologe, pour me dire un *De profundis* ou dans l'isolement des prêtres retirés, pour étudier la justice des hommes.

« J'espérais néanmoins qu'on aurait des remords et des regrets et qu'on me ferait sortir, sans tarder, de cet exil immérité. Mais y songeait-on même ? Après avoir inutilement attendu toute une année, il me fallut résigner à faire à Monseigneur la communication qui suit.

« Langogne, 3 octobre 1859.

« MONSEIGNEUR,

« Une grande punition, surtout de la part d'un Evêque renommé pour sa mansuétude, suppose une grande faute. Or d'avoir été dépossédé d'un bon grade, dépouillé d'un titre honorable, et non-seulement abandonné à l'infortune, mais livré en spectacle, exclu de tout ministère, de tout rang, de toute qualité, comme un incapable, un indigne, c'est aux yeux du public une des punitions les plus graves; donc elle donne lieu de supposer dans celui qui la subit quelque faute des plus énormes.

« Je la subis de votre part, Monseigneur, depuis bientôt deux ans, cette grave punition. Elle est d'autant plus compromettante pour moi qu'il s'est mis du côté des autorités une affectation singulière à la vouloir légitimer contre toute l'évidence des lois. J'espérais, alors surtout que la publicité en avait démontré l'injustice, j'espérais, avec bien d'autres, que Votre Grandeur viendrait à m'en relever et à gratifier mon innocence de quelqu'une de ses faveurs. Je l'ai souhaité vivement, même pour l'honneur de l'administration diocésaine; je l'ai réclamé et instamment imploré, et mes instances ont rencontré les coïncidences les plus favorables; mais aucune n'a voulu se tourner à mon profit. Depuis la première jusqu'à la dernière j'ai été repoussé avec dépens, disgracié de plus en plus.

« C'est alors que me voyant ainsi délaissé sous un poids accablant d'ignominie, je me suis cru permis, et vous voudrez bien, Monseigneur, ne pas vous en offenser quand c'est un droit de nature, je me suis cru permis d'essayer de me soulager par moi-même, au moins du côté de la réputation. Mon premier moyen est d'en appeler à l'opinion publique, en lui fournissant de quoi me juger selon la vérité et la justice. A cela tend le mémoire ci-joint, contenant de suite et par ordre les lettres qui font voir pourquoi et comment j'ai été maltraité. Si vous daignez, Monseigneur, sans vous en rapporter à une inspection étrangère et peut-être préventive, capable de vous dérober ou de vous dénaturer les choses, si vous daignez prendre la peine d'en connaître par vous-même, l'iniquité du sort qui m'a été fait vous répugnera et vous y serez plus que sensible; et, si vous voulez ajouter à cela quelques renseignements sur la manière dont j'ai figuré parmi mes contemporains dans mes classes, dans l'enseignement, dans le saint ministère, vous me pardonnerez de faire mes efforts pour empêcher que ma carrière se termine si honteusement. Du moins, ayant pu mesurer d'avance les suites de ma démarche, la surprise vous en aura été épargnée et pèsera de moins à la dose de regret que j'éprouve de n'avoir pu obtenir que l'odieux m'en fût épargné par un bienfait de Votre Grandeur.

« Je désirerais que mon manuscrit me fût retourné vers la fin du mois prochain.

« J'ai l'honneur d'être, avec un profond respect, Monseigneur, votre très-humble serviteur.

« Mourgues, *le doyen*. »

Le résultat fut cette autre réponse :

« Mende, 17 octobre 1859.

« Mon cher Monsieur Mourgues,

« Je regrette bien vivement, surtout pour vous, que vous ayez conçu le projet de faire un esclandre au sujet de la démission que je vous ai mis sur la voie de donner et que vous avez donnée, et d'attaquer à ce sujet mon administration; et j'espère bien que vous renoncerez à ce projet dont les suites seraient bien funestes. L'usage que vous voulez faire de mes lettres ne me permet pas de m'expliquer ici plus longuement, mais si vous voulez vous donner la peine de passer à Mende, j'espère vous convaincre de vive voix que votre mémoire porte à faux, ainsi que l'accusation qu'il formule.

« Il est certain que le conseil municipal avait le droit de demander la production des pièces justificatives; je n'apprécie pas la loi et la jurisprudence qui l'explique; je la constate.

« Il n'est pas moins certain que, sous peine de me trouver dans l'impossibilité de pourvoir à la vacance du vicariat, faute de traitement, je ne pouvais décliner les exigences du conseil municipal. Je vous en dirai davantage de vive voix, et ce n'est que de la main à la main que je pourrai, ce me semble, décemment vous remettre votre mémoire, vu ce qu'il y a d'extraordinaire à ce que vous m'ayez communiqué et en quelque sorte soumis ma prope accusation. Je vous renouvelle, mon cher Monsieur Mourgues, l'assurance de mon dévouement.

« † J.-A.-M., *Evêque de Mende.* »

Ainsi Monseigneur abondait-il toujours dans son sens plus affirmatif que jamais d'une loi, que rien, malgré l'évidence des publications qui la niaient, ne pouvaient l'empêcher de constater. En l'air? ou en enfer?

J'eus à insister ainsi :

« Langogne, 27 octobre 1859.

« Monseigneur,

« Malgré tout le respect que m'inspire la lettre dont Votre Grandeur m'a honoré sous date du 17 courant, je ne puis me laisser donner le change sur la cause de l'esclandre que fait appréhender mon mémoire. Cet esclandre, combien loin et combien haut qu'il puisse se monter, fût-ce jusqu'à Paris, jusqu'à Rome, ne sera nulle part attribué à ma démission, mais bien justement à la violence oppressive de l'administration à laquelle je dus la céder, à l'instar de l'infortuné de qui on exige, le poignard sur la gorge, la bourse ou la vie.

« De là, Monseigneur, souffrez que je l'exprime. de là, de cet excès d'autorité jaillira tout l'esclandre de ma justification ; comme c'est de là, de cet excès d'autorité que s'est échappé de prime abord le fatal esclandre qui, me trouvant victime mise à nu sous ombre d'une démission dérisoire, m'enveloppa sur-le-champ comme dans un tourbillon d'opprobes, et, me voyant depuis réduit et délaissé à l'état de pénurie et d'abjection, s'est ravivé çà et là pour donner lieu à des conjectures au détriment de mon honneur.

« Je me dois, Monseigneur, et je crois devoir plus qu'à moi-même, qu'il se fasse jour à travers le nuage qui me tient confondu au niveau des suspects. Il m'avait semblé qu'il y avait là pour Sa Grandeur sujet et bon motif de m'honorer de quelque faveur, de m'investir de quelque qualité qui me relevât avantageusement de dessous ce fatal nuage. Je le désirais et je l'espérais jusqu'à ce que l'expérience des événements et des dispositions de Sa Grandeur ait déconcerté mon attente. Alors abandonné à moi seul, et certain de la foi des jurisconsultes qui n'ont pas seulement constaté, mais ont prouvé le point de droit que l'autorité, qui l'a violé, s'obstine à méconnaître pour me faire trouver coupable, alors je me suis déterminé à exécuter, à regret bien sûrement et à défaut d'autres ressources, le projet depuis longtemps médité de livrer à la publicité le mémoire où se révèle dans tout son cours la trame mystérieuse dont j'ai été victime.

« Je déplore bien pour ma part l'esclandre qui peut s'ensuivre : mais n'ayant que ce moyen de me défendre, sinon contre l'infortune, du moins contre la suspicion et la diffamation, il ne m'est pas plus permis d'y renoncer que de renoncer à mon honneur. Je vous demande bien pardon, Monseigneur, de vous avoir offensé en vous communiquant le manuscrit. Ce n'était pas ma pensée, et ce ne vous sera pas non plus, j'espère, une raison de ne pas me le rendre, et de ne pas me dispenser de faire le voyage de Mende pour l'obtenir de votre main. Dans une position comme la mienne, il n'y a à voyager et à se produire, que coût et dégoût : la charge de confusion pèse assez où l'on se trouve sans l'aller aggraver ailleurs.

« Du reste à quoi servirait-il de vouloir subtiliser. Toute mystification est bien impossible. Il s'est fait assez clair sur le droit et sur la violation du droit, pour contraindre la bonne foi de tout contradicteur, même en administration. Quant au fait, pour le bien faire apprécier au public, il n'y a qu'à le lui dévoiler, et c'est l'effet immanquable, ce me semble, que je puis attendre de mon mémoire.

« Que s'il avait pu se produire à ma charge n'importe quelle invention de griefs d'autre espèce, que Monseigneur désirât de voir figurer ici, ne fût-ce que pour besoin de sauve-apparence, Sa Grandeur n'aurait qu'à me les signaler par des faits distincts et positifs. Je ne craindrai point de les déférer, avec leur raison d'être, au tribunal de l'opinion publique, bien certain que plus le souvenir de mes services religieux et charitables trouvera à se renouveler dans les lieux où j'ai résidé, à Saint-Germain-du-Teil, à Servières, spécialement à Allenc, plus se multiplieront et se répandront à ma louange et pour ma consolation les témoignages d'une pieuse reconnaissance et d'une équitable justification.

« Sur ce je vous supplie, Monseigneur, de ne pas vous empêcher, aussitôt qu'il vous sera loisible, de me faire revenir mon manuscrit, tout simplement par la poste et à mes frais.

« Plût à Dieu que dans l'intervalle Sa Grandeur se sentît irrésistiblement inspirée de me rétablir en bonne position de convenance et de sécurité, par un moyen plus digne d'elle et d'un esclandre plus édifiant ! Fiat ! fiat !

« J'ai l'honneur d'être, avec un profond respect, Monseigneur, de Votre Grandeur le très-humble serviteur.

« MOURGUES, *doyen*. »

Peu de jours après, mon manuscrit me fut renvoyé à l'adresse du respectable curé de ma résidence, au conseil de qui je me résignai encore à patienter; rêvant en moi-même que Mgr l'Evêque, qui avait paru dans une de ses réponses ne pas aimer à être prévenu par des demandes, pourrait peut-être, touché de mon innocence et de sa sévérité, revenir de lui-même à me donner autant de satisfaction qu'il m'avait causé de peine et de chagrin, et à me glorifier à proportion qu'il m'avait humilié.

Mais en attendant, quelle était ma situation? Heureux jusque-là d'avoir pu être de quelque ressource à mes proches, j'avais la douleur maintenant de leur devenir onéreux. Il me fallait en même temps dévorer la confusion, vis-à-vis les confrères de mon voisinage, de ne pouvoir autrement répondre à leurs bienveillants égards qu'en me donnant bien garde que mes fréquentations et confidences ne les rendissent pas suspects. Encore si au milieu de ces angoisses, en face du pays qui venait de me voir figurer au doyenné d'Allenc comme curé en chef et commissaire de l'Evêque, il m'avait été assuré par les soins de Sa Grandeur de quoi me loger, m'établir, m'entretenir de manière à n'avoir pas à rougir et faire rougir le clergé et le diocèse! Mais tout ce qui m'était fourni pour cela, qu'était-ce? C'était la pension annuelle de l'Etat, quatre cents francs, puis de la caisse des retraites diocésaines, d'où le gouvernement a peut-être présumé, sur la foi des réclamations de nos Eminences contre les pétitions adressées au Sénat, qu'il était alloué à chaque retraité jusqu'à neuf cents francs et davantage, comme en certains diocèses. Combien dans le nôtre m'était-il alloué à moi? rien, de quatre ans; rien absolument! Et puis à partir de là, combien ? tout en gros une moyenne de soixante-dix francs par an ! Belle ressource ! Mais qu'est-ce donc que cette caisse de retraite du diocèse de Mende? Ce n'est pas une association d'assurance mutuelle et fraternelle, c'est une entreprise d'industrie commerciale et égoïste. Prodigieuse combinaison d'abondance pour l'avenir du jeune riche, et de détresse pour le présent du pauvre vieux !

Daigne le gouvernement de l'Empereur, de plus en plus favorable aux vétérans du sacerdoce, en les admettant à la retraite, ne pas se reposer sur des utopistes du soin de leur existence, mais consentir de les avoir tout-à-fait à sa charge et, par d'honnêtes pensions, leur assurer à tous de quoi faire honneur jusqu'à la fin au grade qu'ils ont occupé.

Pour revenir à mes finances, il m'arriva de plus qu'ayant été proposé pour remplacer M. le supérieur du collége au service de la chapelle des pénitents, Sa Grandeur se réserva, en m'agréant pour cet office, de me l'offrir elle-même et, effectivement, par lettre du 19 novembre 1862 m'engagea à l'accepter comme une marque de sa confiance. Ce qui me valait une gratification de cent cinquante francs et montait tout mon appoint à la somme de six cents francs, outre le produit des messes que je pouvais célébrer.

Avec cela, présumant de mieux en mieux des dispositions de mon Evêque, je me laissais vieillir et comme endormir dans mon pénible rêve d'espérance et d'incertitude, lorsqu'un ouragan de noire jalousie parti du fond d'un presbytère à la suite du démon de la vengeance, allant s'épaississant de sorcier en sorcier et de suppôt en suppôt, vint, à force de décharges, troubler à côté de moi le beau courant d'une réputation qui m'était chère, et, par le contre-coup des secousses, réveiller et redoubler tous mes soucis pour la mienne, ne me permettant plus de repos, que je n'aie obtenu ma réhabilitation par l'autorité, ou ma justification par la publicité. C'est pour cela que je renouvelai mes réclamations par la lettre qui suit.

« Langogne, le 24 Janvier 1868. »

« MONSEIGNEUR,

« Le souci dont vous me savez affligé ne saurait passer avec le temps. Le retour de chaque année vient le renouveler et l'aggraver par le triste souvenir du 5 janvier 1858, date de cette brutale sommation de M. Henri Vidal : « Je me dois d'exécuter les « ordres de sa Grandeur. Elle vous ordonne donc « de transmettre vous-même ou de faire transmet- « tre par M. le trésorier les pièces (de la fabrique) « à M. le Maire, et cela avant le 15 du présent « mois. Si, le 15 janvier au soir, ce devoir n'est « pas rempli, Monseigneur vous retire, par le seul « fait de cette désobéissance, vos pouvoirs de « Curé d'Allenc ! »

« Quel souvenir !

« N'est-ce pas désolant que, pour avoir, dans mon

plein droit, modestement contredit l'opinion aussi arbitraire que despotique d'un naissant administrateur comme M. Vidal, et m'être défendu respectueusement de coopérer à une concession injuste, scandaleuse, indigne de toute administration ecclésiastique, j'aie été condamné comme coupable d'une désobéissance formelle et, par le seul fait de cette prétendue désobéissance, privé de mon office et dépouillé de mon bénéfice, pour être abandonné depuis à l'infortune et à l'ignominie?... Oui, Monseigneur, la bonne foi s'indigne et la justice réclame.

« Mon intention était droite et excellente, mon opposition raisonnable et modeste, ma défense légitime et innocente; tout de ma part dans cette lutte était méritant et digne de reconnaissance. C'est de la part de l'autorité que, par fougue de jeunesse et fanatisme de séduction, il y eut abus horrible de pouvoir, et excès de punition où il n'y avait rien moins que l'ombre d'une faute.

« Mais, supposé même une faute et cette faute de désobéissance avec toute la grièveté qui s'y est fait apparaître, n'ai-je pas à espérer, Monseigneur, qu'une pénitence de dix longues années, soutenue avec résignation, sera enfin à vos yeux une expiation suffisante et pourra même me tenir lieu d'un certain mérite?

« Dans cette confiance, je reviens à vous supplier, Monseigneur, de mettre fin à ma peine et de me relever de l'humiliation en me rétablissant dans un rang, si non d'opulence, du moins de dignité, par la faveur, que je vous ai déjà demandée, d'un de ces titres dont la collation successive va et revient au gré de vos bienfaisants desseins. Que ce soit moi que Votre Grandeur daigne élever à un tel honneur, le public en sera édifié et le clergé n'aura qu'à applaudir ; sans qu'aucun, même de ceux qui pourraient aspirer à la même faveur, ait à se plaindre d'une préférence, en considération du grade que j'ai occupé, du malheureux accident qui me l'a fait perdre et de mon âge tellement avancé.

« Ma jouissance ne sera pas longue ; mais si briève qu'en puisse être la durée, ce sera assez pour que j'aie au terme de la vie un regret de moins et une consolation de plus. Hors d'aucun doute, Monseigneur, que votre administration y gagnera en renommée et votre épiscopat en bénédictions.

« Daigne, Sa Grandeur, accomplir mes désirs et accepter pour gage de ma reconnaissance les sentiments de profond respect, avec lesquels je suis, Monseigneur, de Votre Grandeur le très-humble serviteur.

« *Le curé* MOURGUES, *retiré*. »

RÉPONSE DE MGR L'ÉVÊQUE.

« Mende, le 7 février 1868.

« Mon cher monsieur Mourgues, je serais bien heureux, très-heureux, je vous assure, de pouvoir vous accorder la satisfaction et, comme vous dites, le dédommagement que vous désirez. Il m'a été si pénible d'en venir à une mesure que je regardais comme juste et nécessaire, que ce que vous regardez comme une consolation serait un bonheur pour moi-même.

« Mais l'accomplissement de vos vœux à cet égard est absolument impossible. Ce serait un démenti donné à ma conduite passée et comme l'aveu d'une injustice commise. Or je ne pourrais en venir là que s'il n'y avait pas eu résistance obstinée. Je le regrette ; mais il n'est point d'évêque qui voulût ainsi se déjuger, et un moment de réflexion suffira pour vous en convaincre. Il faudra vous et moi nous résigner ; vous à ne pas obtenir ce qui serait l'objet de vos désirs et que vous mériteriez à certains égards et pour quelques-unes de vos qualités, mais non par un fait de résistance qui avait quelque chose d'éclatant ; et moi à me refuser à l'accomplissement d'un désir que je ne puis m'empêcher de regarder comme déplacé.

« Croyez cependant, mon cher monsieur Mourgues, à mon sincère attachement.

« † JEAN-A.-M., *Evêque de Mende.* »

Je repris :

« Langogne, 17 mars 1868.

« MONSEIGNEUR,

« Les individus s'en vont : mais leur nom reste après eux pour inspirer le respect ou pour subir l'insulte, selon que lui a été ménagée la protection du grand jour, ou qu'il a été abandonné sans défense à l'audace des ténèbres. Veuillez donc, Monseigneur, ne pas trouver tant déplacé que je redouble de désir et d'effort pour faire sortir le mien de dessous le nuage, où ne le tiennent que trop en danger la persistance d'une disgrâce et la durée d'une humiliation, que ne peuvent pallier aux yeux du public les errements et les abus dont j'ai été victime, qu'en faisant supposer à ma charge toutes sortes d'infidélités et de délits qu'il plaira.

« C'est à moi, tandis que Dieu me laisse vivre, de tâcher à y pourvoir. Je le dois au cher souvenir de mes ancêtres qui me l'ont transmis cet ancien nom de Privat Mourgues de Charinac, sinon opulent, du moins honnête et sans tache : je le dois à l'édification de leurs descendants, en tête desquels, comme premier-né, je l'ai fait remarquer par le succès de mon éducation et par celle d'un frère qui l'honore et d'un neveu capable de le reproduire avec distinction quelque part qu'on l'emploie ; je le dois aux leçons des mémorables confesseurs de nos montagnes, qui, de tout temps, spécialement aux jours de la Terreur, eurent à le bénir comme un nom de refuge et de dévouement ; je le dois à la reconnaissance de nos vénérables anciens du séminaire et du diocèse, qui, en considération de ce nom béni, se félicitaient de le voir honoré dans nos personnes les livrées du sacerdoce ;

je le dois au pays où il a joui toujours et, malgré les revers, jouit encore de l'affection et de l'estime des gens de bien ; je le dois aux paroisses où les bienfaits de mon ministère lui ont mérité de précieux souvenirs ; notamment à Allenc, où le conseil de Votre Grandeur, informé de longue date, vous l'avait fait trouver digne de la qualification de doyen. Par quel moyen me sera-t-il donc donné que cet obscur nuage, qui tient tout assombri, soit dissipé à mes souhaits, sans secousse et sans bruit.

« Le plus expédient qui m'a semblé, Monseigneur, cet le moins odieux pour moi comme pour l'autorité, ce serait que l'autorité, d'elle-même, après avoir donné, en me foudroyant et m'accablant dans l'obscurité la plus éclatante preuve de sa puissance et de sa sévérité, voulût bien donner une preuve aussi indubitable de sa clémence et de sa bonté, en me relevant et me rendant à la lumière ; ce qui, vis-à-vis d'un jugement qui a produit tout son effet, ne serait point se déjuger, mais au bout d'une suffisante expiation me faire passer du purgatoire au paradis.

« Je me suis permis, Monseigneur, de proposer à cette fin que, eu égard aux circonstances de ma disgrâce et à la longanimité de ma résignation, ma vieillesse fût honorée, en raison du grade que j'ai occupé, de la faveur d'un de ces titres don la dignité aussi bien que l'apanage est capable de donner du relief aux plus obcurs et du courage aux plus abattus. Je vous en ai adressé et réitéré la prière. J'ai osé tout récemment vous la renouveler, et, malgré que mes qualités vous puissent laisser beaucoup à désirer, je prends la liberté d'insister encore et de plus fort. Oui, je vous en conjure, Monseigneur, par le sincère attachement dont vous m'avez tant de fois exprimé l'assurance, et qu'il est en votre pouvoir et de votre dignité, surtout pour un cas de tel motif, de ne pas laisser inefficace, je vous en conjure, Monseigneur, exaucez ma prière et tirez-moi d'embarras en me gratifiant de la faveur que je sollicite, ou de toute autre aussi profitable à ma situation et non moins digne de vous.

« Ce sera servir bien mieux les intérêts de la religion et de l'épiscopat, que si, à mon grand regret, j'étais, à bout d'une si longue attente, réduit par force d'abandon à supplier Votre Grandeur d'autoriser mon recours à une protection plus généreuse : Dieu sait combien je désire qu'il ne soit pas laissé lieu à un tel esclandre !

« J'ai l'honneur d'être, avec un profond respect, Monseigneur, de Votre Grandeur le très-humble serviteur.

« *Le curé* MOURGUES, *retiré.* »

RÉPONSE DE MONSEIGNEUR L'ÉVÊQUE.

« Mende, 10 avril 1868.

« MON CHER MONSIEUR MOURGUES,

« J'ai été longtemps à me demander si je devais répondre à votre dernière lettre, vu que déja plusieurs fois j'avais cru ne pas pouvoir, ne pas devoir accéder aux vœux que vous m'aviez plusieurs fois exprimés. Vous auriez dû comprendre que c'était avec un regret infini que je m'y refusais, et, par la peine même que j'en éprouvais, vous auriez dû comprendre aussi que j'avais ou je croyais avoir, pour en agir ainsi, des raisons décisives.

« Elles sont toujours les mêmes, et c'est une douleur de plus pour moi d'être obligé de vous le dire encore. C'est une croix que j'offre au Seigneur. S'il est un autre service que je puisse vous rendre, vous me trouverez toujours disposé à vous obliger; mais, après une telle résistance, bien quelle date de loin, je ne puis vraiment pas faire ce que vous me demandez.

« Recevez, Monsieur et cher Abbé, avec l'expression de tous mes regrets, celle de mon sincère attachement.

« † J.-A.-M., *Evêque de Mende.* »

Je repris encore :

« Langogne, 24 juin 1868.

« MONSEIGNEUR,

« J'ai attendu, pour reprendre la plume, le retour de votre tournée pastorale. Confus de mes importunités, je dois beaucoup à votre condescendance de n'avoir pas laissé de répondre à ma dernière lettre. C'était pour la troisième ou quatrième fois que mon recours à la justice de mon Evêque se rencontrait de bien proche, totalement à mon insu, avec la vacance d'un canonicat. Etait-ce de pur hasard ou quelque peu providentiel ? Rien n'y a fait.

« C'est toujours du côté de l'évêché le même système de récrimination ; savoir : que ma résistance, vieille de plus de dix ans, à une disposition épiscopale d'administration temporelle, laquelle m'imposait un acte de bassesse, soi-disant, de l'avis de Sa Grandeur, conforme aux préjugés de ceux qui l'égaraient, légalement exigible et indispensable, mais dans ma conviction et d'après nos règlements absolument illégal, désordonné en tout sens et plus que déplacé, surtout à l'égard du curé ; c'est toujours, dis-je, du côté de l'évêché cet affreux système de récrimination que cette ferme résistance a été de ma part et demeure un manquement impardonnable, digne d'une éternelle flétrissure.

« En conséquence de quoi semblerait, pour canoniser aux yeux du public et faire passer pour équitable, soit le coup d'anathème qui me dégrada, soit la condition de nullité et de dénûment où par suite l'on ma vu réduit, et dont la durée comme la rigueur ne pouvait se comprendre qu'au détriment de mon honneur, semblerait, dis-je, convenue la mesure de me tenir dans l'obscurité, à jamais dépourvu d'aucun titre honorifique, du moindre signe distinctif capable de ressortir tant soit peu en faveur de ma réputation.

« De mon côté, au contraire, bien loin que je croie avoir à me repentir ou à rougir de cette inébranlable, mais honnête résistance qui était l'épreuve de ma fidélité, et dont le tyrannique châtiment n'a pas cessé d'être le sujet de mes plaintes et réclamations, je m'y suis toujours complu et m'y complais toujours comme à une bonne action ; avec pleine confiance que, si elle est appréciée par des juges indépendants et désintéressés, elle me procurera autant de gloire qu'elle m'a occasionné de confusion et de flétrissure. Jusqu'ici pas un directeur à qui j'ai pu m'ouvrir en détail sur ma conduite en cette pénible conjoncture, qui m'y ait découvert seulement l'ombre d'un manquement; pas un docteur d'un ou d'autre droit, qui, amené par les événements à traiter de cette question administrative, n'ait surabondé dans mon sens. Voir dans le journal *la Voix de la vérité,* à partir du 6 mai 1858, et autres.

« Cependant ne voilà-t-il pas dix ans passés que l'autorité, en sûre possession du fait, soutient l'air comme le ton d'avoir agi avec discernement et de plein droit, et se veut faire passer pour être à son devoir, en laissant languir et dépérir sa victime sous les apparences d'un criminel de lèse-majesté divine. Mais qu'on ne croie pas qu'en le souffrant ainsi tant de temps, j'aie voulu passer condamnation et consentir à ma diffamation ; non, il n'en est rien : j'ai voulu seulement, par égard, par respect pour l'administration diocésaine, lui donner toute la facilité, lui laisser tout le mérite de revenir d'elle-même et d'aviser au moyen de me sortir de peine sans qu'il en coûtât trop à personne, Que devais-je ? que pouvais-je de mieux ? Faudrait-il, après m'être résigné à expier jusqu'à la mort les sottises d'autrui, faudrait-il me résigner de plus à mourir comme un infâme ? La vraie religion ne veut pas cela.

« Voulez-vous, Monseigneur, que je laisse votre administration jouir en paix de l'honneur de son fait accompli ? Revenez donc, je vous en conjure encore, à me donner un peu de jour au milieu des ténèbres dont ce sinistre fait me tient enveloppé. Daignez venir à la sauvegarde de ma réputation, par une faveur telle que le besoin, plus que l'attrait, m'a fait oser vous en proposer, ou par toute autre capable d'atteindre le même but, dont il vous pourrait mieux convenir de me gratifier spontanément. Entre tous les services que vous pouvez me rendre dans ma singulière position, c'est celui qui me presserait le plus. Votre Grandeur le sait. Pourrait-elle y rester indifférente ?

« Veuillez, Monseigneur, je vous en conjure, épargner à votre désolé sujet l'odieux et le regret de se déterminer enfin, s'il était réduit à désespérer de la bienfaisance de son supérieur, à recourir, en dernière ressource pour sa défense, aux moyens extrêmes que la Providence lui ménage encore, mais qu'il ne peut négliger davantage, sans s'exposer à la trahir.

« C'est à cette fin qu'il me faut oser, Monseigneur, quoi qu'il m'en coûte de répugnance et de regret, soumettre à l'approbation de Sa Grandeur, comme c'est de mon devoir, la forme d'appel ci-jointe telle que j'en ai été pourvu ; en suppliant qu'elle me soit retournée, si lieu doit y avoir, revêtue du placet épiscopal, pour y être donné suite le plus activement possible, vu qu'il se fait déjà tard.

« Souffrez encore, Monseigneur, que, dans ma bonne foi et sauf tout le respect dû à la vôtre, j'ose vous offrir les sentiments de pieux souvenir et de profond respect, avec lesquels je suis et veux être, de Votre Grandeur, Monseigneur, le très-humble serviteur.

« Mourgues,

« *de droit canonique*,
« *Curé doyen d'Allenc.* »

Le libelle d'appel que j'avais joint à ma lettre, ormulé comme ci-devant, page 42, me fut renoyé avec cette réponse de non-lieu :

« Mende, 30 janvier 1868.

« MONSIEUR L'ABBÉ,

« Monseigneur me charge de vous écrire qu'il e peut seconder autrement vos désirs qu'en ne nettant aucun obstacle à votre liberté d'action. l ne saurait s'écarter de cette ligne de conduite, ue vos vrais amis approuveront toujours, et la eule d'ailleurs que lui prescrive le droit dans les irconstances où nous nous trouvons. Veuillez agréer, nonsieur l'Abbé, l'assurance de mon affectueux lévouement.

« J. POLGE, *vicaire général.* »

Ne semblerait-il pas que dans les circonstances où nous nous trouvons, l'administration épiscopale, en cas de démêlé avec ses subalternes, se croit hors des atteintes d'aucun droit, soit ecclésiastique, soit civil ? pouvant, quant à elle, s'émanciper de l'un par l'autre, en nous opprimant par tous les deux ; par le Parisien si nous invoquons le Romain, et par le Romain si nous essayons de recourir au Parisien.

Quoi qu'il en soit, ce n'est pas moi, le ciel et la terre m'en seront témoins, ce n'est pas moi qui me suis prétendu indépendant pour rester seul juge dans ma propre cause. C'est mon Evêque qui, dissimulant l'injustice du fait administratif contre lequel je réclame, après avoir obstinément refusé à mes instantes prières de remédier bénévolement aux préjudices que j'en ai soufferts et de me rassurer pour les suites, n'a pas même voulu à la dernière extrémité approuver sur ma demande que toute cette cause de litige allât de notre commun accord se remettre à la décision de la suprême jurisprudence du ressort ecclésiastique.

Ainsi Sa Grandeur, qu'elle eût ou n'eût pas à mettre de plus difficile obstacle à ma liberté d'action, la tenait réduite à ne pouvoir s'exercer que par force de procédure, de réquisitoire en réquisitoire, d'information en information, d'instance en instance, du Souverain de l'Église au Souverain de l'Etat ! Il faudrait, pour en venir à bout, bien du temps et de la peine, et si je venais à mourir dans l'intervalle, déjà vieux de soixante-treize ans, tant pis pour qui? *Cui væ?* Tout alors serait perdu pour moi. Toute la culpabilité continuant de se dissimuler dans le secret de l'inconnu, continuerait de figurer sur mon compte, et, après avoir assez pesé sur ma personne durant la vie, ce serait surtout après la mort qu'elle pèserait sur ma réputation.

C'est pourquoi, pressé d'aller au plus vite et au plus droit, j'ai dû lancer le présent mémoire, et, par la voie des faits essayer d'introduire çà et là ma cause et de l'informer du même coup. Par là les souverains législateurs de l'Eglise et de l'Etat, saisis en même temps et à la fois de ma requête et des renseignements à l'appui pourront couper court aux débats et ordonner prompte justice, en faveur de qui justice sera due, avec pleine réparation des pertes et dommages. Par là le public, mis à portée de voir et d'entendre par lui-même, saura d'évidence à quoi s'en tenir pour rendre témoignage à la vérité et raisonner le bon droit envers et contre tous. Par là, enfin, le blâme revenant à qui il appartient, mon honneur sera vengé, et j'aurai du moins cet honneur d'avoir fait tout mon possible pour arracher du pillage et confier à bonne garde le trésor de ma réputation, ce précieux trésor dont je me sens, avec le judicieux Cicéron, redevable plus qu'à moi-même : *aliis debeo meam famam,* et dont le divin Paul me recommande d'avoir soin : *curam habe de bono nomine.*

Que je me fusse résigné à faire le sacrifice d'un tel bien en faveur d'un abus administratif comme celui qui m'opprimait, n'eût-ce pas été ajouter scandale sur scandale, en tenant ainsi la main aux oppresseurs! N'eût-ce pas été une lâcheté impardonnable! A moi ce petit mérite de m'en être défendu.

Aux dignes dépositaires de l'autorité, au spirituel et au temporel, mille et mille pardons de m'être tant de temps laissé passer pour un rebelle, étant on ne peut plus soumis, selon les lois divines et humaines. A mes estimables confrères du sacerdoce, spécialement à mes compatriotes et contemporains, mes humbles excuses de ne les avoir pas mieux représentés et intéressés dans la défense de nos communs intérêts. A tant de bons paroissiens, de près et de loin, mes affectueux remercîments de leurs sympathiques souvenirs avec toutes sortes de bénédictions pour les parents et pour les enfants. A tous ceux de mon intimité comme de ma parenté, et de proche en plus proche à mes chers neveux et nièces et frères bien-aimés, mes tendres et vifs regrets de n'avoir mieux pu les consoler et dédommager de tout ce qu'ils ont souffert à mon sujet : avec promesse de leur laisser, en écrits authentiques, de quoi fournir une autre édition, si la présente ne suffisait pas. A Dieu seul toute gloire maintenant et toujours.

Fait à Langogne, le 15 janvier 1869.

Le curé doyen d'Allenc,

MOURGUES.

RAPPEL AUX PIEUX SOUVENIRS

DE QUELQUES CANTIQUES

POUR LE CHANT ALTERNATIF DES KYRIES SOLENNELS.

Pour la Noël.

I

O Noël ! nuit de merveille !
Du Messie à Béthléem l'astre a brillé.
Qu'ici la foi se réveille
Pour lui chanter *Kyrie... e... eleison.*

II

Gloire au ciel ; paix sur la terre :
L'heureux règne de Jésus est arrivé,
C'est un Sauveur ; c'est un frère
Sensible à nos *Kyrie... e... eleison.*

III

Quand les bergers le trouvèrent,
Faible enfant dans une crèche emmailloté,
A ce signe ils l'adorèrent.
Que tout l'adore au *Christe... e... eleison.*

IV

Une marque plus insigne
Qu'à l'autel il est présent, quoique caché,
C'est sa parole divine.
Redoublons-lui *Kyrie... e... eleison.*

V

C'est votre Fils, ô Marie,
Roi du ciel ! ici pour nous humilié !
Offrez-lui, mère chérie,
L'encens de nos *Kyrie... e... eleison.*

Pour saint Pierre.

I

Que l'Eglise vous honore,
Heureux Pierre, avec les saints glorifié.
Que tout ici vous implore,
Par le chant du *Kyrie... e... eleison.*

II

Puissions-nous sous vos auspices,
En ce jour à votre fête dédié,
Repousser au loin les vices,
Ennemis des *Kyrie... e. . eleison.*

III

Loin de nous l'intempérance,
Les propos et les actions d'iniquité.
Du mal la seule apparence
Répugne au son du *Christe... e... eleison.*

IV

Tout désordre est plein d'alarmes.
De remords le malfaiteur est déchiré.
La vertu seule a des charmes
Que bénira *Kyrie... e... eleison.*

V

Saint patron, touchant modèle,
Obtenez qu'au divin Maître dévoués,

Chacun de nous soit fidèle
Aux leçons des *Kyrie... e... eleison*,

Pour l'Assomption.

I

Applaudissez, ciel et terre :
C'est le jour auquel Marie a triomphé.
La mort au Fils rend sa Mère.
Entonnons le *Kyrie... e... eleison*.

II

A sa droite, sur un trône,
L'accueillant avec amour, son Bien-aimé
Reine du ciel la couronne.
Chantons, chantons *Kyrie... e... eleison*,

III

Sous son brillant diadème,
A ses pieds lune et soleil perd sa clarté.
Elle éblouit le ciel même !
Faisons retentir *Christe... e... eleison*.

IV

Quelle n'est pas sa puissance !
Quel pécheur à son amour s'est confié,
Qui ne sente l'espérance
Lui renaître au *Kyrie... e... eleison*.

V

O Mère du Dieu fait homme,
Aidez-nous, faibles mortels expatriés,
A venir dans son royaume,
Objet de nos *Kyrie... e... eleison*.

Pour saint Privat.

I

De Privat chantez la gloire,
Saints du ciel ; nous ici-bas peuple exilé,
En célébrant sa mémoire,
Nous chanterons *Kyrie... e... eleison.*

II

C'est l'apôtre vénérable,
Que sa mort au Gévaudan a consacré
C'est son patron secourable
Qu'implorent nos *Kyrie... e... eleison.*

III

A l'aspect de son martyre
Notre cœur, en méditant sa charité,
Se confond, l'invoque, admire
Demandant grâce au *Christe. . e... eleison.*

IV

Obtenez, de votre trône,
Saint patron, que faisant grâce à nos péchés,
Le doux Agneau qui pardonne
Exauce nos *Kyrie... e... eleison.*

V

Puisse un jour, en allégresse,
Au pasteur dans le bercail associé,
Le troupeau chanter sans cesse
Gloire à Dieu pour *Kyrie... e... eleison.*

Le Puy, typ. et lith. Marchessou.

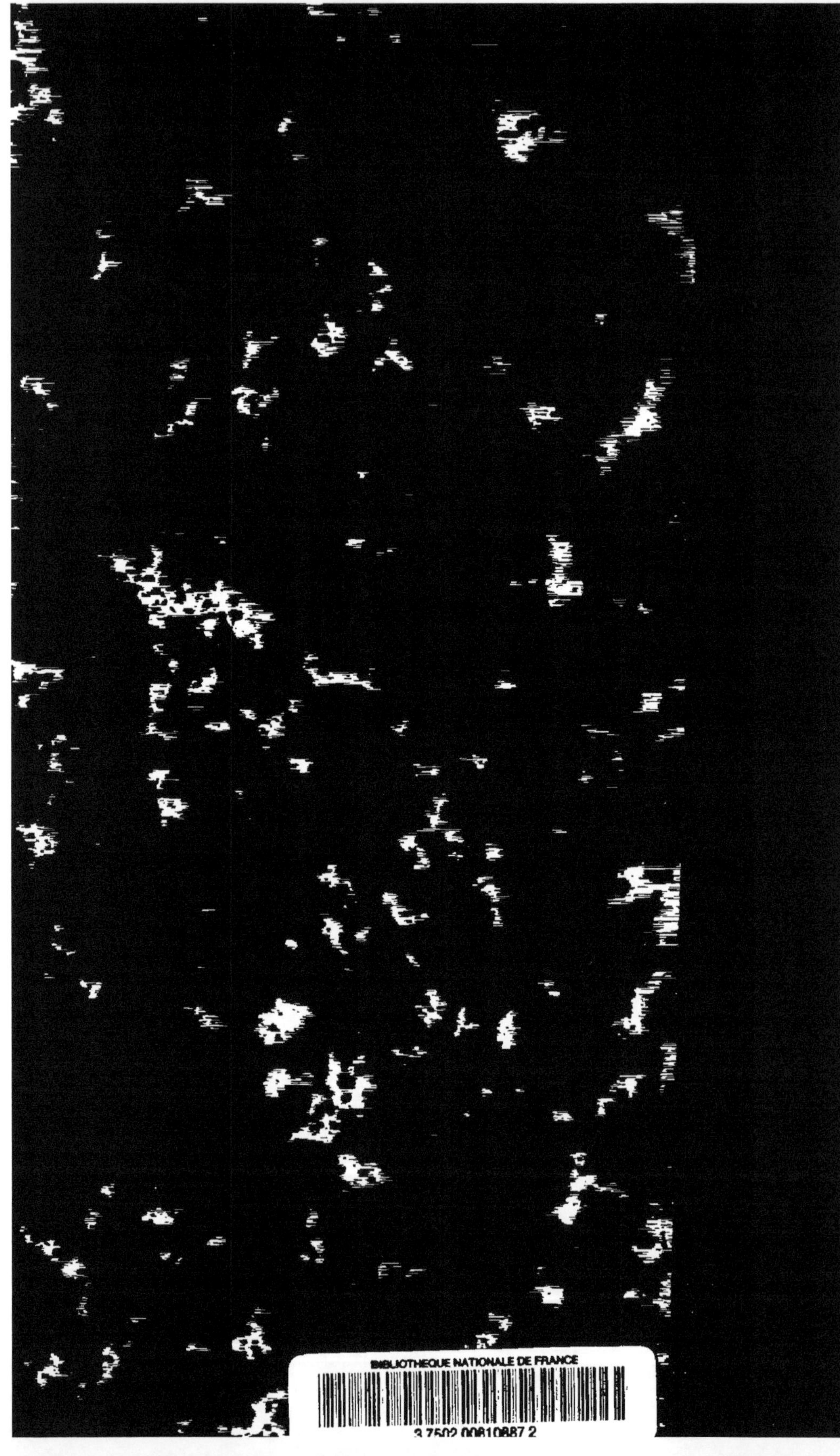

www.ingramcontent.com/pod-product-compliance
Ingram Content Group UK Ltd.
Pitfield, Milton Keynes, MK11 3LW, UK
UKHW012220240726
13966UKWH00003B/871

9 782011 761033